L'infidélité

Groupe Eyrolles
61, bd Saint-Germain
75240 Paris Cedex 05

www.editions-eyrolles.com

Avec la collaboration d'Aurélie Le Floch

ISBN : 978-2-212-56196-8

Jean-Claude Maes

L'infidélité

Pourquoi ça arrive ?
Comment s'en remettre ?
Faut-il pardonner ?

EYROLLES

C'est pour pouvoir enfin oser lui dire
Un soir en filant de la laine
Qu'en le trompant mais ça oserai-je le dire
Je me suis bien trompée moi-même

C'est pour cela jeunes gens
Qu'au fond de moi s'éveille
Le désir ardent
De devenir vieille

Jacques Brel, *Vieille* (Juliette Gréco, *Live 1965*)

Table des matières

Introduction

Votre conjoint vous a trompé. Vous vous y attendiez ou cela vous a pris totalement par surprise ; de toute façon, tout a changé. Chacun y va de son conseil, et vous entendez des avis si contradictoires que, loin de vous aider, cela rend les choses de plus en plus confuses. On vous dit de le mettre dehors. On vous suggère de lui pardonner. On vous parle de « faute irréparable » ou de « nouveau départ ». On vous conseille de le tromper à votre tour. Pour vous venger. Pour qu'il se rende compte de ce qu'il a fait. Pour être « à égalité ». On vous dit que c'est un salaud (ou une salope), que c'est de votre faute. Les moins maladroits se contentent de vous demander comment vous allez… Comment pourriez-vous aller ? S'attendent-ils à ce que vous entonniez le refrain de Serge Lama : « J'suis cocu mais content ! » ? Vous en voulez au monde entier. Ou à vous-même, qui faisiez trop confiance : vous vous sentez imbécile. Humilié.

Pierre Benghozi a démontré que l'humiliation est un mécanisme groupal débouchant sur l'exclusion de celui ou celle qui en est victime[1]. Alors, plutôt que de vous sentir exclu du couple, le plus simple

1. Voir entre autres Benghozi P., « Le scénario généalogique porte-la-honte », in *Dialogue* n° 190, 2010, p. 25-40.

serait d'en exclure l'autre. De lui signifier qu'il ne vous mérite pas. Si c'était si simple ! Si votre attention a été attirée par ce livre, c'est que vous l'aimez encore. Ou du moins, que quelque chose vous empêche de sortir de cette relation qui vous fait souffrir.

En tant que thérapeute de couple, je constate que, dans la majorité des cas, le trompeur est aussi déchiré que le trompé, aussi perdu et, souvent, éperdu. Et que les réponses, quand elles existent, sont complexes. Je parlerai peu, dans ce livre, des personnes qui ont l'infidélité « dans le sang », et avec lesquelles, pour le coup, je ne vois pas d'autre solution que de s'enfuir à toutes jambes. Aux victimes de ces grands narcissiques, je me permettrai de conseiller mon livre précédent, *D'amour en esclavage*[1]. Dans ce livre-ci, en revanche, je prendrai la défense des couples qui ont besoin d'une seconde chance.

Que trouverez-vous dans ce livre ?

J'ai construit mon propos à partir du point de vue de la personne trompée. Toutefois, dans la mesure où l'objectif est de sauver le couple si possible, je ne désire certainement pas stigmatiser le conjoint infidèle. Bien au contraire, je souhaite donner au conjoint trompé quelques clés pour comprendre l'autre point de vue. Inversement, la personne infidèle qui lira ce livre devrait y trouver, elle aussi, quelques pistes pour sauver son couple. Il me paraît crucial qu'elle réalise pleinement ce qu'elle fait vivre à son conjoint et que ce dernier, parallèlement, comprenne ce qui s'est passé, en incluant son éventuelle part de responsabilité.

1. Maes J.-C., *D'amour en esclavage. Ces relations qui font du mal*, Eyrolles, 2014.

Pour cela, je développerai les grands thèmes que j'aborde en thérapie dans ces cas-là, en suivant un ordre logique – alors qu'en séance, c'est « comme ça vient ». Je commencerai donc par explorer le ressenti de la personne trompée et les conséquences potentiellement traumatiques de la révélation de l'infidélité, y compris pour la personne infidèle. Je m'emploierai ensuite à définir ce qu'est un couple et les raisons que l'on a de se mettre en couple. Il s'agit de notions que l'on croit comprendre, alors qu'en réalité, on ne s'est jamais vraiment posé la question – d'ailleurs, pourquoi l'aurait-on fait ? Or, là, c'est devenu nécessaire, ne serait-ce que pour mettre en perspective le thème de l'infidélité, mais aussi et surtout parce que notre époque nous propose, en la matière, des valeurs aussi contradictoires que les conseils de nos amis.

Ensuite, j'approfondirai les thèmes abordés par deux questions, chacune faisant l'objet d'un chapitre : « Quelles raisons avons-nous de tromper notre conjoint ? » et « Quelles raisons avons-nous de rester fidèles ? ». La première question peut sembler triviale mais ne l'est pas : à nouveau, les réponses, quand on en trouve, sont complexes, et les vraies raisons souvent « cachées », y compris pour le « coupable ». Parfois, elles sont surprenantes et difficiles à croire, même si rien d'autre n'est plausible. Le vrai n'est pas toujours vraisemblable mais on ne peut rien fonder sur du faux, du secret ou du mensonge. En conséquence, même si la vérité n'est pas toujours bonne à dire ou à entendre, il faut prendre le risque de l'accueillir.

La seconde question est cruciale parce que, faute de réponse convaincante, il n'y aura aucune raison que l'infidélité ne se reproduise pas encore et encore. Par exemple, quel est le bénéfice de l'honnêteté ?

Ou encore de la bonté, quand il se dit familièrement qu'être « trop bon », c'est être « trop con » ? En quoi peut-il être aussi passionnant, voire plus, de renouveler les relations au sein d'un « vieux couple » que de se livrer à une passion flambant neuve ? Qu'est-ce que cela peut apporter de sortir les cadavres des placards, plutôt que de les planquer sous le tapis et d'aller voir ailleurs si l'on s'y trouve ? Un des aspects de la question, c'est que mettre à plat les problèmes en attente ne permet pas de savoir avec certitude si cela va conduire à une forme de réconciliation ou à la rupture redoutée.

Après avoir fait le tour de ces problématiques, comprendre ne suffit pas. Encore faut-il agir. Le sens est signification, mais aussi direction. Quelle direction prendre pour sortir de l'impasse, pour pardonner ou partir ? Retrouver la confiance et l'amour ou les chercher ailleurs, au risque de ne pas trouver ? L'une des difficultés, à ce stade, c'est que l'on a tendance à considérer l'amour comme un sentiment qui naît de façon mystérieuse, s'en va tout aussi mystérieusement, et dont la nature échappe à toute tentative de (re)construction. Ou, pour le dire autrement, il n'est pas supposé être le résultat d'une action, mais un simple état de fait. Il n'est d'ailleurs pas exclu, dans bien des cas, que cette croyance participe à l'infidélité : si l'un des conjoints croit que l'amour n'est plus là mais qu'il n'a pas envie de rompre (par exemple, parce qu'il ne veut pas voir ses enfants seulement à mi-temps), s'il est par ailleurs persuadé qu'il ne peut rien faire pour que l'amour revienne, il est logique qu'il le cherche ailleurs… Or, comment sauver le couple sans retrouver l'amour qui le fondait, et comment y parvenir en cherchant ce dernier ailleurs que dans le couple ?

Première partie

La révélation de l'infidélité

Que je m'oublie et je demeure
Comme le rameur sans ramer
Sais-tu ce qu'il est long qu'on meure
À s'écouter se consumer
Connais-tu le malheur d'aimer

Louis Aragon, *Chanson pour Fougère*

Chapitre 1

Un séisme affectif

La découverte de l'infidélité de l'autre est un événement qui marque à tout jamais, un coup de tonnerre dans la vie du couple, un phénomène intense qui délimite un « avant » et un « après », de façon totalement irréversible. Très vite, la question de rompre ou d'essayer de continuer se pose, lancinante, douloureuse. Les scénarios de l'infidélité sont très variés, et chaque situation se vit dans toute sa particularité. La forme que prend l'infidélité, plus ou moins longue et mensongère, cynique ou bourrelée de remords, fermée ou ouverte, est cruciale et lourde de conséquences, à la fois sur la décision que la personne trompée va prendre et sur sa façon de l'appliquer. Chacun, conjoint infidèle inclus, vit ce bouleversement de façon intimement personnelle, que ce soit au travers du tourbillon d'émotions ressenties ou de l'attitude adoptée par la personne infidèle lorsqu'elle est confrontée à la révélation de son acte. L'ensemble de ces causes et de ces effets est capital pour la suite.

Ce sujet est difficile à aborder dans un livre, car chaque vécu est pleinement singulier. Non seulement, il y a beaucoup de façons de découvrir que l'on a été trompé, mais l'infidélité n'est très souvent pas la seule cause du mal-être ressenti à l'occasion de sa découverte. La gravité de la tromperie et de son déroulement n'est pas la seule raison de la puissante déflagration qui se produit dans la vie du couple : d'autres facteurs entrent en jeu.

Pour le dire en peu de mots, le sentiment de gravité dépend surtout de la signification que l'infidélité revêt, dans la vie de chacun des deux conjoints comme dans l'histoire du couple. Le moment d'une psychothérapie où un patient me raconte la révélation d'une infidélité est un moment où j'interviens très peu, si ce n'est pour demander des précisions, car le commentaire le plus anodin serait une réduction de ce qui a été vécu. Je vais néanmoins tâcher de rendre compte de ce véritable « séisme affectif », en décrivant les six sentiments qui me semblent les plus fréquemment ressentis.

La colère

Ce sentiment semble aller de soi, car comment ne pas être en colère contre quelqu'un qui vous a trompé ? Le verbe « tromper » est d'ailleurs très parlant : le sens que nous lui donnons ici est assez tardif dans l'histoire du mot, son sens premier étant « donner volontairement une idée erronée de la réalité, induire en erreur en usant de mensonges, de dissimulation, de ruse[1] ». L'infidélité s'accompagne d'un mensonge et même, quand elle se prolonge, d'une ribambelle

1. Source : Trésor de la langue française informatisé.

de mensonges. C'est toute la vie de couple qui devient rétrospectivement un grand et vaste mensonge, une illusion dont la découverte blesse à proportion de la confiance dont on investissait son conjoint. Si j'en crois les confidences que je recueille en tant que psychothérapeute, cette dimension nourrit la colère plus encore que l'infidélité proprement dite : « Il s'est moqué de moi », « Elle m'a pris pour un con », « Comment a-t-il pu me dire les yeux dans les yeux qu'il était incapable de me tromper alors qu'il avait une maîtresse ? », « Elle n'arrêtait pas de me faire des crises de jalousie et c'est elle qui me trompait », etc.

Sarah

« Il m'a annoncé qu'il avait embrassé une autre femme, qu'il ne comprenait pas pourquoi il avait fait cela, qu'il se sentait désemparé. J'ai senti monter en moi une colère sans fond. Non seulement, il m'avait trompée, mais il allait bientôt m'expliquer que je devais le rassurer ! Je l'ai insulté. Il m'a alors dit que ce qu'il avait fait n'était pas si grave, et qu'il s'était montré honnête en me l'avouant. Honnête ! La véritable honnêteté aurait été de ne pas embrasser cette femme. Cela m'a mise encore plus en colère. J'ai commencé à le frapper. Je pleurais, je hurlais. Quand la colère est retombée, il a essayé de revenir vers moi, mais je lui ai dit de partir, que nous allions nous séparer. Je n'ai pas changé d'avis. Parfois, je me demande si je n'ai pas exagéré. J'aimais profondément cet homme et je ne lui ai pas laissé la moindre chance. Aurait-il dû ne rien me dire ? Je ne sais pas. »

Le « troisième larron »

Il n'est pas rare que la colère se déplace de la personne infidèle vers une autre, par exemple vers soi-même : « Comment ai-je pu ne pas m'en rendre compte ? », « Si j'accepte la situation, je ne peux m'en prendre qu'à moi-même », etc. Mais, plus fréquemment encore, la colère dévie vers le « troisième larron ». Cette expression désigne quelqu'un qui profite d'un conflit entre deux autres personnes. Par ailleurs, le « larron » est un voleur…

Stéphanie

« Cette salope m'a volé mon mari ! À 35 ans, célibataire, sans enfants, elle crevait d'envie d'avoir un homme et des enfants comme les miens. Et elle a bien failli arriver à ses fins… C'est facile d'être accueillante et sexy quand on n'a rien d'autre à faire de ses journées. Mais je ne vais pas me laisser faire. Elle ne sait pas à qui elle s'est attaquée. Je vais lui faire payer ! »

Et pourtant, il est tout à fait possible que la rivale de Stéphanie n'ait rien fait pour séduire son mari, voire qu'elle ait beaucoup résisté avant de céder aux avances de ce dernier. Quoi qu'il en soit, il est très humain, quand on vit une grande souffrance, de trouver un bouc émissaire, et il est très facile d'attribuer ce rôle au « troisième larron ». « Dites-moi, chante Michel Jonasz, qu'elle est partie pour un autre que moi, mais pas à cause de moi… » Avec ce refrain, il met le doigt sur une vérité très universelle : on préfère se sentir victime que coupable. Mais la réalité est souvent bien plus complexe : la cause n'est pas exclusivement « moi », ni « lui », ni « elle », mais un peu tout cela à la fois, plus quelques autres acteurs dont on oublie de parler, parce que l'on s'imagine que « les amoureux sont seuls au monde ». Décider d'une conduite à suivre nécessite d'avoir pris, en amont, la pleine mesure de cette complexité.

Marie

« J'ai appris son infidélité par une indiscrétion m'invitant à me méfier de mon amie d'enfance. Quand j'ai interrogé celle-ci, elle a tout de suite avoué, en pleurant. Je l'ai insultée, j'ai hurlé, j'ai pleuré aussi. Je me sentais presque plus trahie par elle que par lui. Elle n'a pas protesté, car elle se sentait très coupable. Mais quand je me suis calmée, elle m'a expliqué ce qui s'était passé et j'ai compris que j'avais une responsabilité. Il n'empêche qu'ils n'avaient pas le droit... Quand mon mari est rentré, il a trouvé sur la table une lettre lui intimant de vider les lieux et lui fixant les conditions pour un retour éventuel. »

Vers une colère constructive

Les Grecs anciens croyaient avoir trois âmes : celle du bas où siégerait la passion, celle du haut dont émanerait la raison, et celle du milieu qui, conciliant passion et raison, les transformerait en action. Dans les moments de crise, on a le choix entre s'autodétruire, détruire autrui ou reconstruire. Transformer la souffrance en opportunité. Que l'on m'entende bien ici : je ne suis pas en train de dire que quand un couple va mal, il faut tromper son conjoint pour « relancer la machine ». Il y a sûrement d'autres moyens d'arriver au même résultat avec moins de souffrance. Ce que je dis, c'est que, souffrance pour souffrance, autant que souffrir serve à quelque chose. Après quoi, il faut se demander quelle action sera la plus constructive. Dans certains cas, aussi paradoxal que cela puisse paraître, il s'agira d'une séparation : la personne trompée n'arrivait pas à rompre alors qu'elle ne croyait plus à son couple mais, portée par la colère, elle réussit à dépasser toutes les peurs qui la retenaient dans une impasse. Dans d'autres cas, elle se rend compte qu'elle s'était endormie, engourdie, qu'elle avait négligé une série de chantiers incontournables, et elle puise dans sa colère la force qu'elle croyait ne plus avoir pour s'y attaquer. Ce sera, par exemple, l'occasion de commencer une psychothérapie individuelle, de couple ou de famille.

Le deuil

C'est à la fois un sentiment de tristesse et le processus d'élaboration psychique qui suit une perte irrémédiable, l'exemple le plus évident étant la perte d'un être cher : il ne reviendra pas, il faut donc continuer à vivre sans lui. On peut perdre quelqu'un mais aussi quelque chose : une illusion, la confiance. La vie peut basculer de façon radicale, l'infidélité représentant alors un véritable traumatisme (voir chapitre 2). Dans ce cas, même si le couple se remet de l'infidélité, la personne trompée n'en aura plus jamais la même perception. Une part d'elle-même est morte et ne pourra revivre. Aussi, si la vie revient, ce sera sur une autre base. Parfois, le « nouveau couple » est objectivement meilleur que l'ancien ; il n'empêche que la personne trompée a besoin de pleurer ce dernier.

Gaëlle

« Quand il m'a dit qu'il me trompait, je me suis entendue hurler comme une bête blessée. Je lui ai fait peur et je me suis fait peur à moi-même. Rien n'existait plus en dehors de cette souffrance. Je n'arrivais même pas à pleurer. Quand il m'a vue dans cet état, il m'a dit qu'il allait rompre avec sa maîtresse. Qu'il se sentait coupable. Je l'ai à peine entendu. J'étais tétanisée. Jusque-là, j'avais eu en lui une confiance aveugle.

Il y a une bonne et une mauvaise nouvelle. La mauvaise, c'est que je n'ai jamais recouvré la confiance. La bonne, c'est que je ne suis plus aveugle.

Nous nous sommes beaucoup disputés mais nous avons fini par y arriver. Il m'a promis de ne plus jamais me tromper, mais de toute façon, il est prévenu : s'il devait y avoir une deuxième fois, il n'y aurait pas de troisième... »

La vie d'un arbre est une assez bonne métaphore du processus de deuil : si une branche casse, elle ne repousse pas, et la blessure met un certain temps à cicatriser, pendant lequel elle « pleure » de la sève. Si tout va bien, une autre branche se développe, de façon à remplacer l'ancienne dans la ramure. Parfois, l'arbre devient encore plus beau et plus fort qu'avant. D'autres fois, c'est le début de la fin. L'arbre est de plus en plus déséquilibré et affaibli, et finit par mourir complètement.

Anna

« Tout le monde nous voyait comme le couple idéal et je croyais à cette image, d'autant plus qu'il était toujours très gentil, peut-être trop... Brusquement, il s'est mis à être plus agressif, sans raison apparente. Je ne comprenais pas. J'ai fini par lui demander s'il avait quelqu'un d'autre, sans trop y croire. Quand il m'a confirmé qu'il avait une maîtresse, je n'ai rien trouvé d'autre à faire que de pleurer pendant des heures. Il n'a pas essayé de me consoler ; il a même fini par s'énerver. J'ai accepté la situation, mais je pleurais très souvent. C'est lui qui a fini par me quitter... Je suis tombée en dépression. Il a fallu un an pour que je me décide à aller voir un psy. »

En fait, le deuil attendant Anna allait bien plus loin que la perte d'un conjoint : elle devait affronter la mort d'une illusion, d'un idéal, et finalement d'une certaine image du couple. On pourrait interpréter son année de dépression comme un deuil d'elle-même.

À ce propos, elle devait d'ailleurs dire qu'elle s'était sentie « comme une morte-vivante » pendant cette période. Et que, si elle n'arrivait pas à rencontrer un autre homme, ce n'était ni à cause d'une perte de confiance en elle-même, ni même en l'autre, mais parce qu'elle avait perdu tout désir vis-à-vis de qui ou quoi que ce soit.

Le sentiment de culpabilité

En ces temps que bien des observateurs qualifient de « victimaires[1] », on finirait presque par oublier qu'en droit, l'appellation de « coupable » est par définition réservée à celui ou celle qui transgresse une interdiction, et celle de « victime » à celui ou celle qui en subit le préjudice. Même si l'infidélité pèse de moins en moins lourd dans les affaires de divorce, la personne infidèle est donc par définition le coupable, et la personne trompée, la victime. Il ne faut pas entendre cette affirmation comme un jugement de valeur : le coupable peut être quelqu'un de bien et la victime une mauvaise personne. Après quoi, ce qui m'interpelle surtout, c'est que le sentiment de culpabilité, tant du côté du conjoint infidèle que de la personne trompée, n'est jamais proportionnel à la culpabilité réelle. Il peut même en être fort éloigné : souvent, le coupable se sent innocent et la victime se sent coupable. C'est vrai dans beaucoup de domaines, y compris, évidemment, en matière d'infidélité.

1. Cet adjectif s'applique aux personnes qui se croient victimes de la société et qui réclament des réparations.

Bénédicte

« Je reconnais que c'est de ma faute. Il se plaignait régulièrement parce que j'étais souvent fatiguée à cause du travail et des enfants, et que nous ne faisions plus beaucoup l'amour. Je savais bien que j'aurais dû faire un effort, mais je remettais souvent au lendemain le moment de m'occuper de ses besoins. Il m'avait prévenue, et je ne l'ai pas écouté. »

Ce genre de discours est fréquent, même si, en général, les sentiments sont plus mitigés. Je reconnais que j'éprouve des difficultés à rester neutre quand j'entends cela. Je comprends bien que, dans la plupart des cas, l'infidélité s'explique, qu'elle a des causes, que ce n'est pas « tout blanc ou tout noir », que la personne infidèle a ses raisons et la personne trompée ses torts… mais cela reste tout de même un « coup de canif dans le contrat » ! En toute logique, si quelqu'un doit se sentir coupable, ce devrait être celui ou celle qui a commis l'infraction…

Mathieu

« Elle me dit qu'elle n'a rien fait de mal, qu'elle est libre et que je suis vraiment trop possessif, que si je voulais qu'elle soit fidèle, je n'avais qu'à m'arranger pour qu'elle ne soit pas tentée, que j'aurais dû réussir à la combler... Cela me rend furieux ! Un jour, je l'étais tellement que je l'ai frappée. Je me suis senti très coupable. Depuis, elle ne cesse de me rappeler que je n'ai pas de leçon à lui donner parce que je suis violent. Je me demande si elle a raison. Si je ne serais pas un pervers narcissique. Si elle ne m'a pas trompé pour échapper à mon emprise. Le fait est qu'elle n'arrive pas à me quitter... »

Dans un cas comme celui-ci, nous avons deux coupables, et il faut essayer de traiter les deux infractions séparément l'une de l'autre.

Quelles que soient les raisons pour lesquelles la compagne de Mathieu le trompe, cela n'enlève rien au fait qu'il s'agit d'une infraction aux règles du couple ; quelles que soient les raisons pour lesquelles Mathieu en est arrivé à la frapper, cela n'aurait pas dû se produire, et il serait tout à fait légitime qu'elle porte plainte.

Julie

« En allant sur le navigateur Internet de notre ordinateur, je me suis rendu compte que mon copain passait beaucoup de temps sur des "sites de cul". J'ai été d'autant plus choquée qu'il revenait tout le temps sur les mêmes actrices, qui sont des femmes très différentes de moi... On me dit que regarder du porno n'est pas tromper, mais je ne suis pas d'accord ! »

La pornographie : une tromperie virtuelle ?

Où commence l'infidélité ? De celui – ou, plus rarement, de celle – qui a développé une addiction à la pornographie, on pourrait dire que sa dépendance s'apparente à une addiction au cannabis ou à l'alcool, et que ce n'est donc pas une infidélité… Les infidèles chroniques pourraient ainsi se réclamer d'une addiction sexuelle, ce qui serait d'ailleurs, sans doute, tout à fait pertinent. Mais d'un autre côté, les addictologues parlent volontiers, quel que soit le produit consommé, de « ménage à trois »…

Par ailleurs, sous l'angle de la dépendance sexuelle, les stars du porno, du fait qu'elles incarnent des personnages improbables aux performances inouïes, représentent une concurrence plus déloyale encore que celle de la maîtresse ou de l'amant ! S'il fallait n'évoquer qu'un seul aspect de cette question, ce serait celui de la soumission.

.../...

.../...

Les héroïnes porno sont soumises à trois titres :

- elles ne disent jamais « Non » (il leur arrive même de prendre les devants) ;
- les actrices qui les incarnent supportent les pénétrations les plus diverses, dans les positions les plus créatives ;
- le consommateur dispose du contrôle par la « zappette » : il peut accélérer l'image, la ralentir, l'arrêter, la repasser en boucle, etc.

Au total, je pense que la frontière entre l'autorisé et l'interdit est toujours affaire de contrat de couple. Même quand celui-ci est tacite, chacun sait très bien, au fond, ce que son conjoint n'acceptera pas.

La honte

Autant le sentiment amoureux soutient la fondation du lien de couple, autant la honte précède et accompagne l'exclusion de ce même lien. Si vous voulez bannir quelqu'un d'un groupe, le moyen le plus sûr est de l'humilier, de lui faire honte. En ce qui concerne le lien amoureux, c'est la personne infidèle qui devrait avoir honte, puisqu'elle s'exclut elle-même du couple. Pourtant, force est de constater que, trop souvent, c'est la personne trompée qui n'ose plus se montrer, qui se met à éviter un certain nombre de connaissances communes comme si l'on allait la juger. Elle se sent, en quelque sorte, rejetée par la société, comme un lépreux. Est-ce parce qu'il existe une tradition française de « cocu ridicule », relayée par le théâtre de boulevard ?

Laurence

« Un soir, j'ai surpris une conversation me concernant : une femme que je ne connaissais que de vue expliquait qu'elle avait pitié de moi, parce que mon mari avait couché avec la moitié de la ville. Elle parlait avec l'une de mes plus proches amies, qui semblait au courant. J'ai été prise de vertige, ne sachant, sur le moment, ce qui me choquait le plus : l'infidélité de mon mari, ou la pitié de cette femme et l'idée qu'un grand nombre de personnes la partageaient. Cela m'a fait d'autant plus mal que, selon moi, mon amie aurait dû m'en parler... Mais elle prétend qu'elle avait peur que je ne la croie pas. Même mes amies, apparemment, me prennent pour une godiche, et elles ont raison : comment ai-je pu ne pas voir l'évidence ? »

Longtemps, l'adultère a été un argument de divorce aux torts de celui ou celle qui s'en rendait coupable. Il pouvait en résulter que ce soit à lui ou à elle de quitter le domicile conjugal, c'est-à-dire d'en être exclu… Ce n'était pas anodin. Si la plupart des infractions sont sanctionnées par une punition (par exemple, une amende), certaines le sont par une exclusion (par exemple, un exil). Il semble donc que l'infidélité appartienne à la seconde catégorie d'infractions. De fait, elle remet en question l'appartenance au couple.

Imaginons que quelqu'un commette une infraction de droit commun pour protester contre ce qu'il vit comme une injustice sociale, et que la dimension clairement politique de son acte soit sanctionnée par un exil. Ce dernier vient peut-être moins sanctionner son infraction que confirmer une autoexclusion plus ancienne : « Je ne suis pas comme vous et ne veux en aucun cas le devenir », « Je ne changerai pas, c'est la société qui doit changer », etc. De même, l'infidélité est souvent, consciemment ou inconsciemment, un acte de protestation. Il reste que le contrat de couple prévoyait, au minimum, l'exclusivité sexuelle…

Fabien

« Un jour, notre fils est rentré de l'école plus tôt que prévu et est tombé sur sa mère en train de faire l'amour avec son amant. Elle ne l'a pas vu. Il a hésité plusieurs jours avant de m'en parler, mais a fini par décider qu'il me devait la vérité. Ce qui m'a le plus choqué, c'est qu'elle fasse cela dans notre maison, dans notre lit. Elle m'a supplié de ne pas la quitter, mais je ne peux pas lui pardonner d'avoir souillé notre intimité : si, au moins, elle avait fait cela à l'extérieur ! »

Dans un témoignage comme celui-ci, on voit que la honte s'ancre également dans l'intime et s'articule avec un sentiment de souillure. Il m'est arrivé d'entendre des patients comparer leur vécu de l'infidélité avec celui d'un viol. Beaucoup se plaignent de ce que la maîtresse (ou l'amant) connaît leur intimité par les confidences du conjoint infidèle. Et vivent l'infidélité, sinon comme une effraction, du moins comme une intrusion insupportable.

La peur

La peur est une émotion archaïque qui doit nous prévenir d'un danger réel ou potentiel. Ce qui pose deux questions : quelle est, d'une part, la nature du danger, et quelles sont, d'autre part, les différentes façons possibles d'y réagir ? La personne infidèle peut vivre dans la peur qu'on la perce à jour, que la révélation de l'infidélité fasse souffrir son conjoint, que celui-ci la quitte, etc. La personne jalouse vit dans la peur d'être trompée. Et la personne qui vient de découvrir que son conjoint la trompe, ressent-elle de la peur ? Elle peut craindre la rupture, les réactions de son conjoint quand elle le confrontera à ce qu'elle a découvert, le qu'en-dira-t-on, les innombrables conséquences possibles de l'infidélité et/ou de sa révélation, le vécu douloureux des enfants, etc.

Emmanuelle

« Quand j'ai compris, par certaines bizarreries dans ses extraits de compte, qu'il devait me tromper, le premier sentiment qui est monté en moi jusqu'à me noyer, c'est la peur du sida. Il m'a promis que tous ses rapports avaient été protégés, mais je n'arrivais pas à me rassurer. J'avais tellement peur de la contamination que le reste, l'infidélité en soi, n'existait plus. Il a fallu que nous passions tous les deux le test HIV, que je sois sûre d'être en bonne santé, pour réaliser qu'il m'avait trahie et commencer à ressentir de la colère. »

Il n'y a souvent pas de commune mesure entre l'intensité d'une peur et le danger objectif qui la suscite. C'est particulièrement flagrant avec les phobies. Par exemple, quelqu'un peut à la fois être capable d'affronter un homme fort et violent avec un courage à la limite de l'inconscience, et avoir peur d'une souris. D'après les éthologues, il y a trois manières de gérer sa peur :

1. Affronter le danger : face à un prédateur, c'est le plus risqué mais, semble-t-il, le moins coûteux au niveau neurologique[1]. Dans le cas de l'infidélité, il s'agira d'interpréter celle-ci comme un problème de couple et de chercher des solutions, ce qui passe par une confrontation difficile à l'autre et à soi-même.

1. Pour le dire en termes plus courants, on peut être malade voire, dans les cas les plus graves, mourir de peur : c'est bien plus qu'une expression, car la peur provoque des lésions neurologiques parfois irréversibles.

Brice

« Je soupçonnais quelque chose, alors j'ai engagé un détective privé. Quand il a confirmé mes craintes, je suis rentré, j'ai posé le rapport sur la table du salon et j'ai attendu le retour de ma compagne. J'étais étrangement calme. Elle a lu le rapport sans rien dire, mais en pâlissant à vue d'œil. Quand elle a eu terminé, je lui ai laissé le choix entre quitter les lieux, ou rompre avec son amant et commencer une thérapie de couple. Je savais que, si elle avait choisi de partir, elle disposait toujours d'une chambre chez sa mère : elle n'aurait pas été à la rue. Elle a choisi de rester. Chez le psy, elle en a pris plein la figure, mais moi aussi. J'ai tout encaissé, elle aussi, et notre couple a pris un vrai virage. Elle m'a expliqué, par la suite, que j'avais vraiment forcé son respect, qu'elle ne me croyait pas si courageux et opiniâtre. Elle prétend être beaucoup plus amoureuse aujourd'hui que quand je l'ai rencontrée, m'avoir sous-estimé. »

2. Fuir le danger : c'est une très bonne idée quand on court vite, mais dans le cas contraire, il faut savoir que la fuite réveille, chez les prédateurs, l'instinct de la chasse. J'ignore si l'on peut transposer cette observation animale aux situations de couple. Quoi qu'il en soit, la rupture est parfois la seule solution possible à une crise de couple, mais le plus souvent, elle représente un refus du conflit. Je ne suis pas critique en disant cela, car il ne faut pas présumer de ses propres forces : quelqu'un qui a de bonnes raisons de penser que le conflit va le détruire sans rien résoudre a tout intérêt à ne pas s'y engager[1].

1. Laborit H., *Éloge de la fuite*, Gallimard, 1976.

Véronique

« Un soir, il est rentré avec sa tête des mauvais jours. Il avait quelque chose à me dire et, comme toujours dans ces cas-là, je ne pouvais pas me dérober. Il m'a annoncé qu'il me trompait depuis deux mois et estimait que c'était de ma faute. J'étais tétanisée, envahie d'émotions que je me sentais incapable d'identifier. Tout à coup, j'ai réalisé que j'avais peur. C'est alors que j'ai pris ma décision de rompre : ce n'est pas normal d'avoir peur de son conjoint. »

3. Faire le mort : c'est une excellente ruse, mais susceptible de causer des dégâts importants, parfois irréversibles, au niveau neurologique (des vécus comme celui d'Anna, évoqué plus haut pour illustrer le sentiment de deuil, en témoignent).

Nolwenn

« Une amie qui cherchait un "plan cul" sur Internet est tombée sur une annonce de mon copain. Dès qu'elle s'en est rendu compte, elle est venue me voir. Elle a accepté de m'héberger le temps que je retrouve un appartement. J'ai pris toutes mes affaires et j'ai changé de numéro de portable. Quand il est rentré, je n'étais plus là. Il a essayé de me retrouver par des amis communs, mais il ne m'a jamais revue. Je me sentais incapable de lui parler. Pour lui dire quoi, d'ailleurs ? »

4. Il me semble que la politique de l'autruche constitue une quatrième alternative – peut-être plus fréquente chez les humains, d'ailleurs, que dans le monde animal. À nouveau, il ne faut pas considérer cela de manière péjorative : on fait ce qu'on peut…

Béatrice

« Je sais que mon mari a une maîtresse, je l'ai découvert par hasard. Je ne voulais pas le croire donc j'ai mené ma petite enquête, et l'évidence était là, incontournable... Je n'ai rien dit parce que j'avais peur de le perdre. En revanche, je continue de le surveiller. Je me demande parfois si je ne suis pas masochiste : je me fais mal sans que cela ne change rien à la situation. Je ferais mieux de lui parler. Je prends des antidépresseurs pour tenir le coup, mais personne ne sait pourquoi je suis déprimée. C'est mon médecin de famille qui m'a conseillé de venir vous voir, mais il n'est pas au courant de ce que je suis en train de vous raconter. »

Le sentiment de trahison

En réalité, les sentiments sont si mélangés qu'une chatte n'y retrouverait pas ses petits. D'un moment à l'autre, on passe d'un extrême à l'autre. Que l'on reste seul dans son coin parce que l'on a honte ou que l'on en parle à tout le monde si c'est la colère qui domine, on bascule généralement de passion en raison puis de raison en passion, suivant le sens du vent. Même si l'on a pris sa décision et si l'on est sûr de ne pas changer d'avis, on continue à douter. Le maître mot étant que l'autre a *trahi notre confiance* et que celle-ci aura du mal à s'en remettre…

Lucille

« Je suppose que j'étais naïve : je pensais que l'amour me préservait de l'infidélité. Mais quand j'ai vu mon copain embrasser cette fille supercanon, je me suis dit que la fidélité n'existait pas. Je ne sais pas comment réagir. Si je le quitte, je vais me retrouver toute seule et rencontrer un autre mec peut-être bien plus infidèle encore. Je devrais peut-être me faire une raison. »

Pour moi, la confiance est moins un sentiment qu'une relation, avec tout ce que cela implique – j'y reviendrai dans un certain nombre de chapitres. Le mot « confiance » vient du latin *cum*, qui signifie « réciprocité » (« avec », « ensemble »), et *fides*, qui veut dire « foi », « fidélité ». La confiance suppose donc, à mon sens, que chacun ait foi en l'autre et lui soit fidèle, la foi soutenant la fidélité et la fidélité soutenant la foi. Ces concepts sont chrétiens, ce qui n'est pas très surprenant étant donné que notre conception de l'amour reste, elle aussi, très chrétienne – même si beaucoup de gens ne croient plus en Dieu.

Séverine

« C'était mon Dieu et j'étais sa fidèle. Je l'idolâtrais. Je le prenais pour un grand philosophe, et c'est au nom de sa philosophie que j'acceptais qu'il me trompe... D'ailleurs, je n'utilisais pas le verbe "tromper" à ce sujet, car il m'avait convaincue de "l'obsolescence du modèle de couple judéo-chrétien". Son point de vue était très argumenté. Je souffrais beaucoup de ses infidélités, mais je n'arrivais pas à les identifier comme telles. J'attribuais ma souffrance à un manque d'élévation spirituelle. Pour essayer d'atteindre cet idéal convoité, je me suis forcée à avoir des relations sexuelles avec un autre homme. Quand je dis que je me suis forcée, je pèse mes mots : je n'en avais vraiment pas envie. Mais ce qui m'a vraiment sciée en deux et m'a fait perdre toute confiance en lui, c'est qu'il ne l'a pas supporté. Il a trouvé des arguments pour justifier que ses infidélités et la mienne n'étaient pas de même nature, mais je serais même incapable, aujourd'hui, de dire lesquels, car ils me sont passés au-dessus de la tête. »

Ce témoignage me permet de clore ce premier chapitre sur une idée qui aura une grande importance quand nous essaierons de comprendre de quoi est faite une infidélité, et comment réparer ce qui peut l'être : il est d'autres infidélités que celles touchant à l'exclusivité sexuelle. L'homme dont il vient d'être question est probablement un pervers, en tout cas un gourou, et ma patiente n'avait pas d'autre solution que de le quitter. Mais ce qui l'a décidée, ce n'est ni la répétition des infidélités, ni une quelconque prise de conscience du fait que leur contrat était malsain : c'est le sentiment de trahison vécu au moment où elle s'est rendu compte qu'il n'était même pas fidèle à ses propres idées. Les mots, avec ce genre d'individu, ne sont pas destinés à énoncer une vérité (même très relative) ; ce sont des moyens mensongers de parvenir à une fin cachée. Dans ce cas comme dans beaucoup d'autres situations de ce type, on en est réduit aux hypothèses quant à cette fin, mais on est fondé de soupçonner une forme de sadisme moral.

Cet enjeu n'est jamais totalement absent dans les histoires d'infidélité : le conjoint infidèle a menti pour cacher sa relation illégitime, et le risque est grand qu'il persiste dans cette voie pour sauver son couple. L'intention est bonne, mais les moyens restent douteux, puisque le mensonge est une infidélité en soi. La personne trompée, si elle découvre que son conjoint continue de lui mentir, expérimentera qu'il n'a décidément « pas de parole », et que l'on ne pourra plus jamais lui faire confiance.

Chapitre 2

Un traumatisme au plein sens du terme

Dire de quelqu'un qu'il est traumatisé suppose qu'il présente des symptômes dont la cause n'est pas intérieure à lui-même – comme en cas de maladie – mais extérieure : un traumatisme crânien, par exemple, est causé par un choc sur la tête. Il revient au psychiatre et psychanalyste Sándor Ferenczi d'avoir découvert, pendant la Première Guerre mondiale, qu'il existait des traumatismes psychologiques[1].

Une patiente me disait qu'elle avait l'impression qu'elle n'aurait pas été plus traumatisée par un accident grave que par la révélation de l'infidélité de son conjoint, mais que tout le monde lui disait qu'elle exagérait. Elle présentait pourtant le même genre de symptômes qu'une personne traumatisée. Je ne dirais pas que toutes les

1. Ferenczi S., « Deux types de névroses de guerre », in *Psychanalyse II*, Payot, 1918 (trad. 1970) p. 238-252.

personnes trompées le vivent comme cela, mais c'est quand même le cas pour la majorité de celles que j'ai rencontrées en tant que psychothérapeute. En voici un premier exemple.

Amélie

« Je n'arrivais plus à penser à autre chose. Je l'imaginais en train de faire l'amour avec elle, dans toutes les positions ; un vrai film porno qui défilait en boucle et me tordait le cœur. La nuit, ces images m'empêchaient de dormir, et quand, à force d'épuisement, je finissais par y arriver, elles me poursuivaient dans d'affreux cauchemars. Dans l'un d'eux, très récurrent, j'étais enlevée par des individus masqués qui me violaient à répétition et me préparaient à la prostitution. À la fin de ce cauchemar, l'un d'eux enlevait son masque et se révélait être mon compagnon. »

Amélie n'avait pas la moindre idée de ce que son compagnon avait réellement fait avec sa maîtresse, mais elle se l'imaginait. Et son imaginaire l'entraînait vers la pornographie, parce qu'elle croyait qu'il la trompait pour réaliser des fantasmes sexuels auxquels rien au monde n'aurait pu la convaincre de se prêter. Pure chimère, là aussi, car il ne lui avait jamais rien demandé de la sorte. Quelle que soit la direction prise par l'imagination de la personne trompée, celle-ci fonctionne « en boucle ». La personne aimerait penser à autre chose, essaie parfois de se distraire, mais c'est irrépressible : cela devient une véritable obsession.

Sophia

« Je n'ai vu qu'une seule fois la maîtresse de mon mari, mais son visage, sa silhouette, la façon dont elle était habillée me hantent. Chaque fois que je croise quelqu'un qui ressemble à ma rivale, mon cœur bat la chamade, j'ai la tête qui tourne. Je me suis rendu compte que je suis sans cesse aux aguets et que je passe et repasse des scénarios de rencontre avec elle : ce que je lui dis, ce qu'elle me répond... Je me suis mise à éviter tous les endroits où j'imaginais pouvoir la rencontrer. Je me suis absorbée dans tout ce qui me permettait d'éviter de penser à elle, mais cela ne change rien. Régulièrement, quelque chose relance mon obsession et me fait sursauter, comme quelqu'un qui est dans un demi-sommeil et qu'un bruit ramène à la réalité. »

À côté de cas comme ceux-là, qui se caractérisent par des ruminations, une hypervigilance, des troubles du sommeil, une réactivité exagérée et, souvent, une irritabilité pouvant déboucher sur des crises de colère, on voit des personnes qui sont davantage dans l'évitement, dans un émoussement de la réactivité. Cela peut prendre une dimension sinon délirante, du moins dominée par un sentiment d'étrangeté, voire de dédoublement.

Pauline

« Je me demande si je ne suis pas en train de devenir folle. Quand il m'a avoué qu'il m'avait trompée, je n'ai rien ressenti. Ni colère, ni tristesse, le vide absolu. Et depuis, il y a des moments où j'oublie ce qui s'est passé. Mes réactions le perturbent et parfois le mettent en colère. L'autre soir, nous étions chez des amis ; la conversation est venue sur la fidélité, et j'ai affirmé que si mon conjoint me trompait, je le quitterais le jour même... J'étais tout à fait sincère, je ne voyais pas le lien avec le fait qu'il m'avait trompée et que je ne l'avais pas quitté. »

Les cas de figure sont nombreux, la plupart étant beaucoup plus mélangés que ceux que je viens d'évoquer.

Mais pour comprendre le traumatisme causé par la révélation d'une infidélité, le plus utile est peut-être de passer en revue ses différentes manifestations. J'en identifie quatre : le traumatisme par coupure, par usure, par pression et par tension.

« Le ciel m'est tombé sur la tête »

Un premier type de traumatisme, que je qualifie de « traumatisme par coupure », advient comme le résultat d'un événement soudain et inattendu. Dans le témoignage qui suit, la révélation de l'infidélité fait d'autant plus l'effet d'une bombe que le climat du couple semblait *a priori* idyllique.

Mathilde

« Il se disait très amoureux de moi et voulait une grande maison remplie d'enfants. Quand je suis tombée enceinte, il était fou de joie. Vers la fin de ma grossesse, j'ai reçu un coup de fil de son ex qui m'a expliqué qu'elle le revoyait depuis un mois et estimait qu'il fallait qu'il prenne une décision ! J'ai passé l'après-midi à sangloter. Quand il est rentré, il a tout de suite compris et m'a tout avoué. Il m'a demandé pardon en pleurant et m'a promis de rompre. J'ai accepté parce que j'étais toujours amoureuse de lui et à quelques semaines de l'accouchement, mais quatre ans plus tard, il ne se passe pas un jour sans que je me demande si je n'aurais pas mieux fait de le quitter. »

Pourquoi « coupure » ? Parce que la vie suivait son cours et qu'elle s'est arrêtée, parce qu'il y a un « avant » et un « après » le traumatisme, et que rien ne sera jamais plus comme avant. Une part de soi-même est irrémédiablement perdue, soustraite, comme coupée à l'aide d'un objet tranchant. Face à cette situation, le désarroi peut être total.

Lorène

« Leur relation a duré trois ans. Je ne me suis rendu compte de rien et je n'aurais jamais appris ce qui s'était passé si je n'avais pas répondu au portable de mon mari, un jour où elle essayait de le relancer. Il a commencé par nier, puis il m'a dit qu'il avait rompu avec elle parce qu'il voulait se réinvestir dans notre couple... Depuis, je n'arrête pas de pleurer. Soit je me dis que je dois le mettre dehors et je pense à tout ce que nous avons vécu, à tout ce que nous avons construit ensemble, à tous les bons moments que nous pourrions encore avoir, et je pleure ; soit je me dis que je dois pardonner et je pense à cette femme, ce qui me fait pleurer de plus belle. »

Dans la plupart des cas, ce n'est pas tant l'infidélité que sa révélation qui fait traumatisme, aussi bien dans la vie de la personne trompée que dans celle du couple, mais aussi dans celle de la personne infidèle. Que cette révélation soit décidée ou non ne change d'ailleurs rien, comme le montre les témoignages de Carine et de son conjoint Richard.

Carine

« J'esquivais régulièrement la catastrophe, chaque fois stupéfaite que mes réponses bidons passent comme une lettre à la poste : mon homme était-il idiot ? La dernière fois, j'ai craqué et j'ai avoué la vérité. Je suis réalisatrice : l'image qui m'est passée par la tête, et qui s'est superposée à celle de son visage qui se fermait, est celle d'une guillotine qui s'abat sur le cou du condamné. Jusque-là, je ne m'étais pas sentie coupable, mais tout à coup, j'ai pris la mesure de ce que j'avais fait. »

Richard

« Le ciel m'est tombé sur la tête. J'aurais préféré qu'elle ne me dise rien. Qu'elle rompe avec son amant, s'arrange pour que je ne sache jamais rien de cette histoire et que le ciel reste à sa place – ainsi que les étoiles et tous les accessoires, nuages compris. »

Dans le cas de Carine, un premier point de rupture survient au bout d'un processus d'usure, un second par la confrontation au visage de l'autre. Aussi curieux que cela puisse paraître, elle n'avait pas vu venir la réaction de Richard. C'est pour cela qu'elle l'a vécue comme une guillotine s'abattant sur son cou. Il est vrai qu'elle n'avait pas prémédité son aveu. D'aucuns diront qu'elle était un peu culottée de se sentir traumatisée, alors que la « victime », dans cette histoire, était clairement Richard. Et tel était bien l'avis de ce dernier. Je peux pourtant témoigner qu'elle vivait un état de choc tout à fait comparable à celui de son conjoint, voire pire, à cause du poids de sa responsabilité, dont elle était intensément consciente. En fait, elle « prenait la mesure de ce qu'elle avait fait ». Qu'elle vive un traumatisme avait ceci de positif qu'en l'absence de cette prise de conscience, il est probable que Richard n'aurait pas pu lui pardonner. De façon générale, si la personne trompée est convaincue que la personne infidèle est malveillante, toute réconciliation est impossible.

Une coupure est une blessure d'un type bien précis : c'est une plaie ouverte, aux bords nets et qui nécessite, si elle est profonde, des points de suture. En quoi cela pourrait-il consister ? Je consacrerai la troisième partie du livre à cette question, mais il est clair que tout ce qui renouvelle le lien fait suture. Pour Carine et Richard, le désarroi vécu en commun joua ce rôle.

« Cela devait arriver »

Une deuxième grande catégorie de traumatisme suppose qu'il n'y ait pas un événement soudain et inattendu, comme dans le cas précédent, mais un grand nombre d'événements attendus dans l'angoisse. L'effet est différé et non immédiat comme dans la coupure ; c'est pourquoi je parlerais d'« usure ». Le témoignage qui suit met bien en évidence ce phénomène.

Annie

« J'ai très vite su que mon compagnon était incapable de rester fidèle ; j'ai donc appris à me satisfaire d'être la seule de ses innombrables maîtresses avec laquelle il avait des projets de vie. Il m'a dit que je pouvais moi aussi prendre des amants, mais je ne l'ai jamais fait. Nos relations se sont dégradées en plusieurs étapes. Au début, c'était la crise chaque fois que je découvrais une nouvelle infidélité. Je me heurtais à un mur, car il classait son comportement sexuel dans les phénomènes naturels auxquels on ne peut rien... J'ai fini par lui demander d'être, au moins, discret. Il a essayé, mais je tombais régulièrement sur de nouvelles histoires. Du coup, je me suis mise à éviter toutes les circonstances susceptibles d'amener à une nouvelle révélation. Avec pour conséquence de beaucoup m'isoler. C'était un amant attentif et, quand nous étions à deux, il était totalement présent et savait me rendre très heureuse, mais je ne me suis jamais habituée à ses infidélités. Je ne sais pas ce qui m'a décidée à le quitter. Une histoire de plus qui était celle de trop ? Peut-être que j'étais devenue moins amoureuse. Il m'a assiégée pour que je revienne, a commencé une thérapie pour essayer de changer, mais c'était trop tard. »

Ici, la blessure s'apparente davantage à une ulcération ou à une brûlure. Il s'agira moins de suturer que de mettre un baume, de soulager la douleur pendant que la peau se répare d'elle-même. Mais si l'usure va trop loin, les complications possibles sont diverses, et si elle va jusqu'à provoquer une plaie, celle-ci est peu suturable. Quand la révélation de l'infidélité prend la forme d'une usure, la séparation peut intervenir non comme une solution mais comme une lassitude, un épuisement : il y a peut-être quelque chose à sauver, mais on n'en a plus la force. Une souffrance qui refuse d'admettre son existence peut avoir cet effet usant.

Marianne

« Je le trouvais distant. Quand je lui en parlais, il répondait qu'il était fatigué par son travail. Certains matins, il prenait le temps de se faire beau, d'autres matins, non. Le soir, il se mettait en jogging. Parfois, je faisais un effort particulier, je mettais une mini-jupe, des talons hauts, mais il n'avait pas l'air de s'en apercevoir. Ce n'est pas bien, mais je suis allée fouiller dans son smartphone et j'ai trouvé des messages louches. J'ai essayé de lui poser des questions, mais il s'est mis immédiatement à me gueuler dessus parce que j'avais, selon lui, outrepassé mes droits. Il m'a traitée de paranoïaque et m'a menacée de me virer sans préavis si je recommençais. Je n'ai pas lâché prise et il ne m'a pas quittée. En revanche, il a fallu des mois pour qu'il finisse par cracher le morceau. Son ton s'était radouci, mais je n'en pouvais plus. »

Il existe aussi des cas où la révélation se fait au compte-gouttes : la « relation d'un soir » devient deux ou trois « cinq-à-sept », et met plusieurs semaines à s'avérer une « double vie ». La personne trompée sent que son conjoint ne lui a pas tout dit et le harcèle. Cela fait beaucoup de dégâts, et les chances de réconciliation sont très supérieures quand le conjoint infidèle a le courage de tout avouer sans se faire prier.

« Je me sentais brisée de l'intérieur »

Un troisième type de traumatisme correspond à une forme de stress. Or, qu'est-ce que le stress sinon une réaction de l'organisme face à des pressions ou à des contraintes externes ? La parenté entre ce mot anglais et son cousin français « détresse » est d'ailleurs interpellante.

On peut dénombrer au moins trois cas de figure où la pression est telle qu'elle finit par provoquer un traumatisme. Dans le premier cas, elle est exercée directement par le conjoint.

Camille

« Il me disait que si je n'arrivais pas à le satisfaire sexuellement, c'était normal qu'il aille voir des prostituées. Alors je m'habillais de la façon vulgaire qui lui plaisait, je pratiquais des actes sexuels qui me donnaient envie de vomir et, de façon générale, j'acceptais tout ce qui lui passait par la tête, sans discuter. Mais chaque fois que je me relâchais, il retournait voir ces dames. Et le reste du temps, comme je suis une indécrottable romantique, il m'arrivait de me dire qu'il me trompait de toute façon "avec une autre moi-même qui me ressemblait très peu" (je paraphrase Musset[1]). »

Dans ce témoignage, il est clair que le conjoint qui commet l'infidélité se sert de celle-ci comme d'une menace, afin de faire pression pour obtenir quelque chose de sa partenaire, sous la contrainte. Pourquoi cette femme intelligente et sensible supportait-elle cette

1. Dans *La nuit de décembre*, Alfred de Musset croise, aux différents âges de sa vie, « un pauvre enfant [...], un jeune homme [...], un étranger [...], un convive [...], un orphelin [...], un malheureux », chaque fois « vêtu de noir » et lui ressemblant « comme un frère ». Le poème fonctionne comme une énigme dont la solution arrive au tout dernier vers : « Je suis la Solitude ».

situation ? Pourquoi n'écoutait-elle pas les conseils de ses proches, qui lui enjoignaient de quitter un tel « monstre » ? Tout simplement parce qu'elle s'en sentait incapable. Ne pouvant le quitter, elle n'avait d'autre choix que de céder à sa pression sexuelle ou de supporter ses infidélités, ce qui revenait à subir une autre forme de pression.

Un deuxième cas de figure est celui où la personne trompée se sent responsable de l'infidélité de son conjoint, et se met elle-même la pression. Elle s'efforce de deviner ce qu'elle est supposée faire pour que son conjoint n'ait plus envie de la tromper. Il ne lui vient pas à l'idée qu'elle ne devrait pas avoir à faire quelque chose pour cela. Le rôle du milieu de vie, dans de tels cas, est souvent prépondérant : son entourage lui donne à entendre que c'est de sa faute si son conjoint « est allé voir ailleurs », et cela aussi c'est une pression, qui pèse extrêmement lourd, car même si la personne concernée s'indigne de ce qu'« on » lui dit, il lui est difficile d'y échapper sans se brouiller avec « tout le monde ».

Enfin, le troisième cas de figure correspond à une situation où une personne se met la pression de façon « préventive », comme s'il était inévitable que son conjoint soit soumis à la tentation et ne puisse y résister que s'il se sent comblé dans son couple. L'événement redouté prend une telle place dans la vie de la personne, notamment par le biais de comportements qu'elle croit préventifs, qu'elle déroule, en quelque sorte, le tapis rouge devant l'infidélité. Évidemment, rien n'oblige le conjoint à emprunter ce tapis, mais il faut lui concéder qu'il ressent lui aussi une forme de pression que l'infidélité, le cas échéant, viendra transitoirement desserrer.

Françoise

« Je ne sais pas ce que je dois en penser, mais il prétend qu'à force de lui avoir dit qu'il allait un jour me tromper, je l'ai convaincu que c'était vrai. Et que, quand l'occasion s'est présentée, il l'a vécue comme un destin inévitable. »

Non seulement cette situation est tout à fait plausible, mais elle est fréquente, et le traumatisme vécu par la personne trompée est alors proportionnel à la pression qu'elle se mettait.

Une véritable oppression, parfois physique

Il existe une sorte de « peau[1] » qui protège le psychisme des agressions extérieures. C'est à cette surface que s'attaquent les traumatismes : coupure, usure, pression et, comme nous le verrons, tension, l'endommagent chacune à sa manière. Dans le cas du traumatisme par pression, les symptômes peuvent être aussi, plus banalement, une gorge serrée, un estomac noué. Il peut s'agir également d'une migraine venant comme cercler le crâne, d'un sentiment d'oppression de nature plus phobique ou d'un sentiment plus diffus encore : celui d'être cerné, traqué, de manquer d'espace, d'être en prison, particulièrement perceptible dans le récit suivant.

Sylvie

« Je ressentais une pression permanente. Il était perpétuellement insatisfait et m'accusait de le castrer, de ne pas lui donner ce à quoi il avait droit. Son attente était sexuelle, mais pas seulement : j'étais à la fois sa nounou, son

1. Anzieu D., *Le Moi-peau*, Dunod, 1995.

amie, sa psy, et plus encore. Au début, j'étais flattée, mais avec le temps cela devenait lourd. Puis, brusquement, cela s'est calmé. Il semblait plus détendu. Je m'inquiétais un peu, mais il prétendait avoir changé. En fait, il me trompait. Quand je l'ai percé à jour, il m'a tout raconté en détail. Pour le coup, je suis redevenue son amie, sa psy, et Dieu sait quoi d'autre que je n'aurais jamais dû être, car il s'est mis à pleurer, me suppliant de le comprendre. Se plaignant d'être faible, alors que je suis forte. J'en ai marre d'être forte. Après deux heures de confidences, il s'est endormi comme une brute, me laissant l'impression qu'un camion m'était passé dessus. »

Le résultat d'une pression s'apparente moins à une blessure qu'à un os qui se casse, ou encore à une contusion ; bref, à un dégât interne. On sort souvent d'un tel traumatisme avec le sentiment d'être « brisé de l'intérieur ». Certes, il arrive aussi que la révélation de l'infidélité soulage une pression qui régnait depuis longtemps dans le couple, mais il est rare que ce sentiment de soulagement dure…

Quand l'infidélité permet d'échapper à une pression…

Il me semble important d'évoquer certains cas où c'est le conjoint infidèle qui vit une pression, et où l'infidélité intervient comme un moyen d'y échapper. Par exemple, la prison dorée dans laquelle évoluait Nathalie la menaçait tellement d'étouffement que sa relation avec un autre homme a été vécue comme une libération salvatrice – du moins, tant qu'il n'a pas été question d'engagement.

Nathalie

« Je vis dans un monde où tout doit être parfait. Mon mari gagne beaucoup d'argent et envisage notre maison comme un musée. Il semblerait que je sois la plus belle pièce de sa collection.

…/…

.../...

Il ne me demande rien de tordu, c'est juste que je n'ose jamais me laisser aller, de peur de casser quelque chose. J'ai arrêté de travailler pour m'occuper du "musée" et, au fil du temps, je dépends de plus en plus de lui. Il y a quelque temps, je me suis mise à avoir des crises d'angoisse qui se manifestaient par une insupportable pression sur la poitrine. Un jeune homme de vingt ans plus jeune que moi m'a abordée pendant que je faisais mes courses. J'ignore ce qui m'a pris, mais je l'ai suivi dans sa chambre d'étudiant. Les mois suivants, je l'ai vu très régulièrement. Je n'avais plus jamais la moindre crise d'angoisse. Puis il m'a dit qu'il m'aimait, qu'il voulait vivre avec moi et me faire un enfant : la pression sur ma poitrine est devenue si forte que j'ai cru mourir. »

On voit ici que, quand on chasse la pression par la porte, elle revient par la fenêtre, ce qui tendrait à prouver qu'elle fait partie de la structure de la personne qui la subit et/ou du couple. Cela n'excuse pas le conjoint qui met la pression, mais donne une information utile sur la nature de la « maladie » dont l'infidélité est le symptôme.

« Je le savais sans en avoir la preuve »

À certains égards, la tension est une autre forme de stress. D'ailleurs, beaucoup de dictionnaires définissent le stress comme une « tension nerveuse » se développant face à une agression de l'environnement. L'exemple le plus cité est le surmenage, mais dans le cas de l'infidélité, la tension naît d'un feu nourri de critiques, dénigrements et autres méchancetés qui ne disent pas leur nom, faisant qu'on ne peut pas s'y dérober. Dans le récit qui suit, on a même l'impression d'assister à une intolérable suite de tortures, s'apparentant au jeu du chat et de la souris.

Delphine

« Il y avait cette fille qu'il voyait tout le temps, soi-disant sa meilleure amie, rien de sexuel, mais pourquoi n'étais-je pas autorisée à la rencontrer ? Et puis, nous ne faisions plus jamais l'amour... Quand j'essayais de lui en parler, il se moquait de moi. Il me traitait d'obsédée sexuelle ! Un jour, il s'est lancé dans une interprétation pseudo-psychologique, en prétendant que je le soupçonnais parce que mon père avait trompé ma mère, et qu'il en avait marre que je sois aussi possessive que sa mère à lui. Quand je me suis mise à pleurer, il a prétendu que je lui donnais la preuve qu'il avait raison, parce que j'essayais de le culpabiliser alors qu'il ne faisait rien de mal. J'étais sûre et certaine qu'il me trompait, mais je n'en avais pas la preuve. C'est devenu une espèce de jeu pervers : j'attendais, pour le quitter, d'avoir démontré qu'il me trompait ; lui semblait prendre un malin plaisir à démonter tous mes arguments et les indices que je croyais avoir réunis. »

La pression suppose une poussée de l'extérieur vers l'intérieur, alors que la tension est une traction de l'intérieur vers l'extérieur. Cette tension peut également se jouer dans la relation, par exemple dans les conflits de loyauté[1], quand on se sent, suivant l'expression consacrée, « tiré à hue et à dia ». Ce tiraillement entre les uns et les autres, et l'insupportable tension qui en résulte, sont tout à fait évidents dans le témoignage suivant.

1. Ce concept a été mis en place par Boszormenyi-Nagy I. in *Invisible Loyalties: Reciprocity in intergenerational family therapy* (Brunner Mazel, 1973). Un individu pris dans un conflit de loyauté est en situation de ne pouvoir rester loyal à l'un de ses proches sans en trahir un autre.

Élise

« Je reconnais que j'étais très attachée à ma famille. Je téléphonais à maman tous les jours, et à ma sœur quasi autant. Je voyais très régulièrement mon frère avec sa femme et ses enfants. Mon compagnon s'en plaignait beaucoup, mais je ne l'écoutais pas. De mon point de vue, c'était lui qui ne fréquentait pas suffisamment sa propre famille. Un jour, il m'a annoncé qu'il avait une maîtresse et qu'il envisageait de me quitter pour vivre avec elle. Je ne voulais pas. J'étais prête à tout pour qu'il reste avec moi. Mais maman n'arrêtait pas de me répéter que je devais le quitter. Je pense qu'elle revivait à travers moi son divorce avec papa. Je me sentais comme une feuille de papier que l'on déchire en deux avant de la jeter à la poubelle. »

Cette patiente se sentait véritablement écartelée entre sa famille et son compagnon, mais aussi en son for intérieur. Elle émettait l'hypothèse que ce double écartèlement expliquait ses douleurs articulaires, qui apparaissaient et disparaissaient de façon incompréhensible dans les moments les plus conflictuels. Cela peut sembler un peu tiré par les cheveux, mais il faut reconnaître que la coïncidence était troublante.

Avec le traumatisme par tension, on revient vers la métaphore de la blessure, mais d'une blessure interne de l'ordre de l'arrachement, de la déchirure, du claquage. Au niveau physiologique, de telles blessures appellent une immobilisation, un repos forcé. Ainsi en est-il dans les cas de harcèlement au travail : les travailleurs qui en sont victimes ont besoin d'un long congé maladie, d'une longue « immobilisation », avant de pouvoir reprendre le travail en état d'affronter leur harceleur.

On pourrait faire le parallèle avec les situations de harcèlement dans le couple. Dans celles où un avenir reste possible, c'est-à-dire quand le « harcèlement » fait partie de l'histoire du couple plus que de la personnalité du « harceleur », il peut s'avérer très constructif de programmer une séparation provisoire. Un temps que les partenaires se donnent pour laisser retomber les tensions, dans l'espoir que cela permettra un nouveau départ, sur de nouvelles bases. Sans aller aussi loin, le couple peut en tout cas se donner des « béquilles » pour vivre normalement, en attendant que la blessure guérisse. Je pense ainsi à des couples avec lesquels j'ai convenu que les problèmes seraient abordés exclusivement pendant les séances de thérapie, et mis entre parenthèses le reste du temps. Cette façon de procéder est éminemment artificielle mais peut se révéler extrêmement aidante. Beaucoup de couples s'appuient aussi, pendant un certain temps, sur le quotidien dans ce qu'il a de plus machinal. Quant aux couples qui ne consultent pas, un certain nombre connaissent probablement une « autoguérison » en s'aidant de ce genre de subterfuge.

Du traumatisme naît le clivage

Le traumatisme met en échec toutes les défenses habituelles sauf le *clivage*, qui a pour particularité de séparer deux objets psychiques normalement liés, deux « parties » de ce qui devrait être un « tout ». Jusqu'ici, c'est assez simple à comprendre. Là où cela se corse, c'est lorsque l'on sait que ce clivage s'accompagne nécessairement d'un « déni », ainsi que d'une « identification projective[1] ». Impossible de

1. D'après Bayle G., *Clivages. Moi et défenses*, PUF, 2012, p. 93-96.

faire l'impasse sur un seul des termes de cette définition, car tous ont leur importance. Afin de mieux appréhender ce mécanisme complexe et cependant fondamental, je vais l'illustrer d'un seul témoignage découpé en cinq étapes.

Un mécanisme de défense

Le clivage est d'abord un mécanisme de défense, déclenché par un conflit intérieur perçu comme un danger. C'est souvent un conflit entre le besoin de rompre pour se protéger, ou de rester pour protéger le lien de couple. Dans les citations qui suivent, Géraldine vient d'apprendre l'infidélité de son conjoint, mais les actes qu'elle pose dans le réel semblent totalement déconnectés de cette information.

> « Je suis rentrée le soir sans rien dire de ce que j'avais découvert, et la soirée s'est passée normalement. Je ne ressentais rien. D'un côté, je savais qu'il avait une maîtresse, de qui il s'agissait et depuis combien de temps cela durait, mais d'un autre côté, tout cela me semblait irréel : la réalité se limitait à notre quotidien de couple et de famille. Je me suis énervée parce qu'il tardait à se mettre à table, mais à propos de son infidélité, rien... »

Un « tout » séparé en deux « parties »

Deuxièmement, le clivage sépare une totalité en deux parties, et en deux parties seulement. S'il y en a plus de deux, ce n'est plus un clivage mais un « morcèlement[1] », une « fragmentation[2] », c'est-à-dire des mécanismes très angoissants que l'on voit à l'œuvre chez

1. Bion W., *Réflexion faite*, PUF, 1967 (trad. 1983).
2. Racamier P.-C., *L'Inceste et l'Incestuel*, Dunod, 2010.

les vrais psychotiques. Dans le cas du clivage, il faut bien garder à l'esprit que le but de la manœuvre est de se protéger, de se rassurer, pas d'augmenter les angoisses déjà présentes. Dans l'extrait qui suit, on se rend compte que, se coupant de ce qui la faisait souffrir de façon intolérable, Géraldine peut continuer à mener une existence extérieurement « normale ».

> « Le monde s'est coupé en deux. Dans l'un des deux mondes où je vivais, j'étais une femme trompée ; dans l'autre, une femme en couple. Cette nuit-là, nous avons fait l'amour. Pendant un bref moment, j'ai eu l'impression d'être au-dessus du lit, en train de regarder un autre couple faire l'amour. Cette femme avait mon corps, mon visage, pourtant j'avais un doute : n'était-ce pas « l'Autre » ? Étais-je en train de devenir folle ? »

Le clivage opère selon un certain sens

Ensuite, il ne faut pas oublier que les deux « parties » ainsi séparées ne constituaient auparavant un « tout » que dans la mesure où elles étaient liées. Ce n'est qu'une métaphore, mais on pourrait dire que ce lien est une « couture » et que le clivage d'aujourd'hui, le clivage posttraumatique, suit une ligne précise, celle que trace la cicatrice d'un clivage plus ancien datant de la petite enfance. Il est intéressant de constater que l'histoire familiale de Géraldine recelait une telle « ligne de clivage[1] ».

1. L'expression est de Freud S., *Nouvelles Conférences sur la psychanalyse*, Gallimard, 1932 (trad. 1971) p. 80.

> « Ma mère avait une double vie. Tout le monde le savait, mais personne n'en parlait. Mon père a élevé tous les enfants de ma mère sans faire de différence, mais il est évident que mon frère, par exemple, n'était pas de son sang... »

Un « déni » obligé

Quatrièmement, le clivage s'accompagne d'un déni, ce mécanisme qui consiste à « faire semblant » que quelque chose n'existe pas. En l'occurrence, les deux « parties » déjà évoquées restent conscientes, mais c'est « comme si » elles n'étaient plus liées l'une à l'autre. C'est difficile à concevoir, mais très éclairant une fois que l'on y est arrivé.

Prenons deux « morceaux » de psychisme : par exemple, un souvenir et l'émotion que génère ce souvenir (mettons, la colère). Le refoulement, autre grand mécanisme de défense, va « oublier » un des deux « morceaux », soit le souvenir, soit l'émotion : il existe toujours (de même que le lien entre les deux « parties ») mais la personne n'y pense plus. Soit elle se souvient de ce qui est arrivé mais ne ressent plus aucune colère, soit elle est en colère mais ne se souvient plus pourquoi.

Mais dans le cas d'un traumatisme, la victime n'arrive à oublier ni l'événement traumatique, ni ses effets sur son psychisme ; c'est pourquoi le refoulement est impuissant dans cette situation. C'est alors un clivage qui se met en place, venant isoler le souvenir traumatisant du reste du psychisme, au prix du *déni de lien* : si nous restons sur le même exemple, la personne se souvient de ce qui s'est passé *et* ressent de la colère, mais les choses se passent « comme si » ce souvenir et cette émotion n'étaient plus liés.

« Si j'essaie de me replonger dans mon vécu de ce soir-là, cela me semble un peu surréaliste. Je ne sais pas comment vous expliquer... Ce n'est pas comme si j'avais oublié que mon mari me trompait, mais comme si la femme trompée et la femme en couple coexistaient côte à côte, dans deux mondes parallèles. »

Une « identification projective »

Derrière cette appellation un peu déroutante se cache un mécanisme qui consiste à « projeter » sur un tiers quelque chose qui ne le concerne pas (ou en tout cas, pas directement). C'est comme si le contenu traumatique était « expulsé » ailleurs. Là encore, le témoignage de Géraldine est éclairant :

« J'ignore pourquoi, je me suis mise à ressentir une véritable haine pour ma mère. J'ai eu une grosse dispute avec elle, qui s'est conclue par une rupture. Je ne la regrette pas, bien au contraire j'en suis soulagée, mais je pense qu'il serait temps que je parle à mon mari. C'est pour cela que je suis venue vous voir. »

En « identifiant » sa mère à « l'ennemi », Géraldine fait un double bénéfice :

- elle a trouvé une autre raison que l'infidélité de son mari d'être en colère. Son identification projective « verrouille[1] » son clivage, qui lui permet de ne pas ressentir de colère vis-à-vis de son mari et soutiendra donc la reconstruction du couple ;

1. L'expression est cette fois-ci de Racamier P.-C. in *Le Génie des origines* (Payot, 1992) p. 249-278.

- cette identification s'appuie aussi sur sa « ligne de clivage ». Elle lui permet donc également de s'occuper d'un vieux problème datant de la petite enfance, qu'elle n'aurait peut-être jamais remis au travail sans cela.

Au total, le témoignage de Géraldine permet d'approcher la complexité du clivage, même si celui-ci n'est pas toujours aussi flagrant. Je crois, en revanche, qu'il est rare qu'il n'y ait pas de clivage du tout suite à un événement traumatique. De plus, il n'y a pas une seule sorte de clivage possible, mais beaucoup de clivages différents. Le mécanisme est chaque fois le même, mais la nature du lien dénié peut varier au point que, dans certains cas, le clivage a un effet positif, alors que, dans d'autres cas, il est indéniablement pathologique.

Ne pas confondre « clivage fonctionnel » et « clivage structurel »

Dans le cas de Géraldine, on peut parler de « clivage fonctionnel[1] », au sens où le clivage se met en place de façon transitoire pour permettre à la personne de continuer à « fonctionner ». Cela inclut au minimum la possibilité de continuer à remplir ses obligations quotidiennes plutôt que de s'effondrer et, éventuellement, celle d'affronter le problème pour lui trouver une solution.

En revanche, quand le clivage se joue au travers de pathologies perverses qui sont, elles, l'effet d'un « clivage du moi[2] », aucune indulgence ne saurait être de mise.

.../...

1. Bayle G., *op. cit.*, p. 155-193.
2. Freud S., « Le fétichisme », 1927, in *La Vie sexuelle*, PUF, 1969, p. 133-138.

.../...

Cet autre type de clivage peut être qualifié de « structurel[1] » : il n'a rien de transitoire mais « structure » le psychisme du pervers dans le sens de la reproduction rigide d'un comportement déviant. Ce comportement tient à distance et alimente à la fois une dépression d'autant plus profonde que tout est fait pour éviter de la traiter. Dans ce cas, l'identification projective soutient la vampirisation du conjoint, et doit motiver celui-ci à fuir à toutes jambes.

1. Bayle G., *op. cit.*, p. 195-222.

Chapitre 3

Qu'est-ce qu'un couple ?

Qu'est-ce que l'infidélité, sinon une crise de couple ? S'il n'y a pas couple, il ne peut y avoir infidélité. Cette crise particulière coïncide d'ailleurs presque toujours avec un moment charnière de la vie à deux. La naissance d'un enfant, la perte d'un emploi, le décès d'un proche, l'apparition d'une maladie ou d'un handicap, en sont des exemples[1]. Et pourtant, aucun de ces événements ne constitue en lui-même une crise. À mon sens, la forme que prend une crise de couple dépend surtout de la façon dont se sont organisées les relations.

Je pars du point de vue que les crises au sein d'un couple sont inévitables, et même souhaitables, en tant qu'elles sont des moments de changement, d'adaptation aux aléas de la vie commune et du temps qui passe. Le plus problématique n'est jamais cet épisode en soi, mais la tentation de ne pas s'en occuper, ce qui revient à laisser

1. Dallaire Y., « Prévenir ou survivre à l'infidélité », article du site psycho-ressources.com, 2014 (http://psycho-ressources.com/bibli/couple-infidelite.html).

une blessure gangréner. Toute crise est une rupture de continuité qui peut déboucher soit sur une rigidification des relations, soit sur leur renouvellement, s'accompagnant d'une redécouverte du conjoint, soit encore sur une séparation.

La première question à se poser serait peut-être : qu'est-ce qu'un couple ? Question plus complexe qu'il n'y paraît. Pour tenter d'y répondre, il m'a semblé important de bien faire la différence entre la notion de couple et d'autres avec lesquelles on tend à la confondre : celles de lien amoureux, d'alliance, de mariage, etc.

Qu'est-ce qu'un lien amoureux ?

Faisons d'abord une nette différence entre deux notions que l'on confond souvent, à tort : le *lien* et les *relations*. Le lien est constitué de tout ce qui attache une personne à son conjoint et constitue ainsi une sorte d'entrave, sans que l'on arrive à décrire de quoi il s'agit au juste, ni d'ailleurs pourquoi l'on s'attache à une personne et pas à une autre. Être lié à quelqu'un peut constituer une réalité d'une force indestructible, mais lorsque l'on est amené à expliquer cette réalité, les mots sont difficiles à trouver. Ne restent que les métaphores, voire la poésie…

Quant aux relations, dont on trouve un assez bon synonyme dans la notion d'« interaction », elles correspondent à tout ce que l'on peut décrire mais qui n'engage à rien : que l'on pense aux « relations mondaines », aux « relations professionnelles », etc. Il me semble significatif que l'on parle de lien amoureux et de relations sexuelles. Or, non seulement on peut décrire ces dernières, mais on peut les filmer…

Un lien peut être fort malgré des relations très insatisfaisantes, comme des relations très satisfaisantes et se répétant de façon régulière peuvent néanmoins ne jamais se transformer en lien. Or, il me semble que si le couple est un lien, l'infidélité est une relation. L'exemple le plus trivial illustrant cette différence est celui d'un couple qui n'a plus de relations sexuelles : le conjoint le plus frustré et/ou le moins fidèle des deux ira chercher à l'extérieur les relations qui lui manquent. Mais il ne risque pas pour autant de quitter son conjoint, car il reste là où il est « lié ». C'est d'ailleurs comme cela que les choses sont dites : « C'était juste un plan cul », « Ce n'est pas important à côté de notre amour qui a traversé les années », « C'est toi qui as la meilleure part de moi », etc. Au travers du récit de Teresa, on perçoit bien que le lien est placé au-dessus des relations.

Teresa

« Nous avons eu une explication très approfondie. Confrontée à la liste de ses frustrations, de mes manquements, de tout ce que sa maîtresse lui apportait et que je ne lui apportais pas, je me suis effondrée. Une conclusion s'imposait : il allait me quitter. Je ne comprenais même pas pourquoi ce n'était pas déjà fait. Je le lui ai dit. Il m'a répondu qu'il ne comprenait pas de quoi je lui parlais et, comble des combles, il m'a invitée à être "logique" : s'il avait quitté sa maîtresse, c'est bien qu'il restait avec moi... »

À en croire certaines statistiques, 8 à 10 % seulement des relations illégitimes qui essaient de devenir un « vrai couple » y arrivent[1]...

1. Afifi W., Falato W. & Weiner J., « Identity concerns following a severe relational transgression: The role of discovery method for the relational outcomes of infidelity », in *Journal of Social and Personnel Relationship*, n° 18/2, 2001, p. 291-308.

Plus qu'une simple addition d'individus

Dire que le couple est un lien, c'est aussi affirmer que ce couple n'est pas la simple addition de deux individus gardant chacun son autonomie, mais une entité à part entière, en interaction avec les deux individus qui la composent. Quand nous fondons un couple, nous sommes d'emblée trois. Pour en donner un exemple simple, si deux individus fondent un couple à partir du désir (conscient ou inconscient, peu importe) qu'il devienne un jour une famille, l'enfant existe déjà dans leur imaginaire, mais également dans leur couple, ne serait-ce que comme une place à pourvoir. Dans l'exemple qui suit, le désir d'enfant a coloré la crise vécue au travers de l'infidélité.

Linda

« Nous n'avons pas eu d'enfants, malgré quelques tentatives de fécondation *in vitro*. Aucun de nous deux ne voulait adopter, ce qui fait que nous avons décidé de rester à deux. Mon mari est médecin. L'une de ses patientes est devenue sa maîtresse. Je l'ai appris quand elle est tombée enceinte. J'ignore ce qui m'a le plus blessée : qu'il ait une maîtresse, qu'elle soit beaucoup plus jeune que moi ou qu'elle soit tombée enceinte sans l'avoir souhaité, alors que je l'ai souhaité si fort sans y arriver. Quand elle a décidé d'avorter, traitez-moi de folle si vous voulez, mais cela m'a fait de la peine. »

Même en l'absence de tout projet commun, faire couple, c'est-à-dire transformer le sentiment amoureux en lien, transforme également les deux individus qui s'y investissent, fait évoluer leur identité et leurs comportements. Clothilde raconte ainsi la métamorphose de son conjoint, et la façon dont ce changement a été perçu par la sœur de celui-ci.

Clothilde

« Je suis devenue très amie avec ma belle-sœur. Au début, c'était difficile ; je pensais que nous étions un peu rivales. Par la suite, elle m'a expliqué qu'elle ne reconnaissait plus son frère, et qu'elle avait imaginé que je le manipulais, que je voulais le changer, mais elle a fini par comprendre qu'il faisait cela tout seul, et que je n'y étais absolument pour rien. C'est elle qui a attiré mon attention sur le fait que le phénomène était en train de se reproduire et qu'il devait être tombé amoureux de quelqu'un d'autre. Au début, je l'ai traitée de parano, mais c'est vrai que je ne reconnaissais plus mon homme. De là à penser qu'il avait changé de proprio... Nous avons fait notre petite enquête et nous avons fini par le prendre en flagrant délit. »

Il y a de nombreuses illustrations possibles de cette métamorphose qui, pour les thérapeutes de couples, est bien plus qu'une théorie tant elle saute aux yeux. Certains théoriciens parleront d'« inconscient collectif ». D'autres parleront plutôt, dans la lignée de l'anthropologie, de « mythe fondateur ».

Lien et emprise

Moi-même, je répète régulièrement, dans le cadre de mes travaux sur l'emprise, qu'il ne faut pas concevoir celle-ci comme une relation dans laquelle un individu en manipule un autre, mais comme un *phénomène groupal* permettant au collectif de s'exprimer à travers les individus. Sigmund Freud observait une tendance naturelle des membres d'un groupe à se soumettre à un leader[1]. Le gourou d'une

1. Voir entre autres Freud S., « Psychologie des foules et analyse du moi », 1921, in *Essais de psychanalyse*, Payot, 1985, p. 191.

secte, par exemple, se signale souvent moins par son intelligence que par son narcissisme, qui lui rend légitime d'utiliser à son profit égoïste des forces normalement dédiées à la collectivité.

Quoi qu'il en soit, il est évident que l'on n'arrive à rien en thérapie de couple si l'on se contente de s'adresser aux deux individus séparés que l'on a devant soi. Une technique couramment utilisée par les thérapeutes familiaux systémiques[1] consiste à placer entre les conjoints une chaise vide dont ils font un acteur de la thérapie. Ils vont, par exemple, proposer à chacun de reformuler ses reproches, de façon à les adresser à l'entité « couple » plutôt qu'au conjoint. Au lieu de dire : « Comment as-tu pu me faire cela ? », on demandera « Comment le couple a-t-il pu l'autoriser ? ».

Évidemment, il ne faut pas que ce genre de recadrage évacue la responsabilité de la personne infidèle. Néanmoins, cette responsabilité n'est que trop évidente, et celle de la personne trompée entre assez rapidement en lice. En revanche, le couple en tant qu'entité autonome est assez difficile à concevoir, et tout ce qui peut en concrétiser l'existence est le bienvenu. Le pas suivant étant de se demander ce qui doit changer dans le couple pour que l'infidélité devienne sinon impossible, du moins improbable. C'est la condition fondamentale pour un retour de la confiance. L'histoire qui suit montre à quel point certaines idées partagées par les deux membres du couple peuvent « faire la loi », envers et contre toute raison parfois.

1. Il existe deux grands courants en thérapie familiale : la systémique, qui met l'accent sur les relations entre les membres d'un groupe et la façon dont elles s'organisent en entité autonome, et la psychanalyse, qui s'intéresse davantage aux mécanismes inconscients.

Chloé

« Je me suis souvenue d'une anecdote datant de notre rencontre. J'avais quinze ans. Ma grande sœur venant également de rencontrer quelqu'un, nos parents avaient organisé un dîner avec les deux "copains". Je ne sais pas ce qui m'a pris, mais j'ai demandé au mien s'il m'aimerait toujours dans le cas où je le tromperais. Il m'a répondu : "Oui, bien sûr mon amour." Ma sœur a posé la même question au sien... Il a répondu : "Oui, mais je te quitterais." Nous étions toutes deux choquées par sa réponse, et nous avons été très étonnées d'entendre notre père l'approuver. Mon copain est devenu mon mari et m'a trompée plusieurs fois. Ma sœur a épousé quelqu'un d'autre, donc tout cela ne signifie rien ; pourtant, je n'arrête pas d'y repenser. J'ai l'impression que mon mari et moi avons créé un couple dans lequel les infidélités sont autorisées. D'ailleurs, moi aussi je l'ai trompé, mais il n'est pas au courant. Je ne suis pas contente de cette façon de vivre, mais j'ai l'impression que je ne peux rien y changer. »

Pour cerner l'identité de cette chose nommée « couple », il m'arrive de demander à chacun d'apporter en consultation, dans le plus grand secret, un objet faisant partie du quotidien partagé et qui en soit, à ses yeux, une bonne métaphore : « Imaginez que je ne parle pas un mot de français et que vous tâchiez de me faire comprendre ce qu'est votre couple, sans utiliser de mots. » Je commence par m'enquérir auprès du conjoint des qualités et des défauts de cet objet, puis je lui demande l'image que ça lui donne de son couple. Il n'est pas rare que ce « récit » s'éloigne fort des intentions de celui qui a choisi l'objet, tout en faisant sens dans le couple. Dans les cas où la crise de couple traitée en thérapie est une infidélité, je demande aussi, parfois, quel rôle l'amant ou la maîtresse pourrait jouer.

Muriel et Charles

Muriel a apporté en séance une statuette représentant une femme sur une moto, dont une roue était endommagée. Ce n'est pas à cause de cette roue qu'elle avait opté pour cet objet : sa métaphore reposait sur sa passion pour la moto, partagée avec son mari Charles, et sur une volonté d'essayer de reconnaître qu'elle dirigeait Charles, ce qui avait pour corollaire – elle ne s'en était pas rendu compte non plus – que ce dernier lui servait de véhicule. Cette distribution des rôles ne le choquait d'ailleurs pas particulièrement, car il avait grandi dans une famille de femmes. Quoi qu'il en soit, la roue endommagée suggérait que l'amant de Muriel puisse être la « roue de secours ». Ce qui, lui a signalé Charles mi-figue mi-raisin, était beaucoup plus flatteur que d'être la « troisième roue de la charrette ».

Les différents visages de l'infidélité

La conscience de la nette différence existant entre le lien et les relations permet de classer les différentes sortes d'infidélité en quatre catégories :

- la relation accidentelle ;
- l'accident qui se répète ;
- la multiplication des « accidents » ;
- le lien illégitime.

Il n'est évidemment pas anodin que la révélation de l'infidélité dévoile un cas ou un autre. Je les ai énumérés du « moins grave » au « plus conséquent », en fonction de l'ampleur probable de la réaction de la personne trompée. Le cas suivant commence sur une relation que l'on peut qualifier « d'accidentelle ».

Bernard et Tabata

Bernard s'envisageait comme un homme fidèle, « monogame par goût autant – voire plus – que par principe ». Une fois par an, il faisait une sortie avec une bande d'anciens camarades de lycée. Des difficultés avec sa compagne Tabata, une soirée trop arrosée avec ses camarades et une rencontre inattendue l'ont fait découcher. Il s'est senti très coupable et, paradoxalement, ce sentiment l'a porté à essayer de donner un sens à ce qui aurait pu n'être qu'un accident. Il a donc annoncé à Tabata qu'il avait « rencontré quelqu'un », et a essayé de prolonger cette aventure. Il s'est rapidement rendu compte que c'était une erreur et a essayé de faire amende honorable... mais Tabata lui a répondu qu'elle s'était mise en couple avec Daniel, meilleur ami de Bernard ! Il se sentait trahi, mais tout le monde lui a fait remarquer que c'était lui qui avait commencé. Il protestait que ce n'était pas la même chose de découcher ou de refaire sa vie. Son sentiment de trahison concernait surtout Daniel, à qui il s'était confié et qui lui avait conseillé de vivre ce qu'il avait à vivre, bien plus que Tabata, qui réussissait pourtant à le rendre fou de rage en lui répétant, comme un slogan, « 15-15 ».

L'injustice ressentie par Bernard venait de la manœuvre de Tabata. Elle mettait en balance deux faits que l'on ne peut peser en utilisant les mêmes mesures. En somme, là où Bernard s'est senti lié par une relation sexuelle, Tabata a fait le contraire : elle a pesé leur lien à l'aune d'une relation, sans doute pour pouvoir le dénouer plus facilement.

Quand la rupture est la seule solution envisageable...

Certaines personnes ont l'infidélité dans le sang. Cela peut prendre la forme d'une addiction au sexe et/ou aux poussées d'adrénaline accompagnant les risques d'une double vie ; il peut également s'agir d'un donjuanisme au sens pervers du terme. Dans tous les cas de figure, cela s'accompagne d'une dimension manipulatoire forte du conjoint trompé, mais aussi des amis, de la famille, des enfants quand il y en a. Dans l'exemple qui suit, ce n'est pas uniquement d'infidélité dont il est question, mais de mensonges et de tromperies systématiques.

Inès et Arthur

Ils se sont rencontrés très tôt dans le cadre d'un mouvement de jeunesse, se sont mariés à la fin de leurs études et ont eu leur premier enfant l'année suivante. Dix ans plus tard, alors qu'ils étaient en vacances avec des amis, Inès est tombée sur Soraya, sa meilleure amie, en train de faire l'amour avec Arthur. À en croire ce dernier, il avait cédé aux avances de Soraya, malheureuse dans son couple. Inès a accepté cette explication et rompu toute relation avec cette dernière. À partir de là, pourtant, elle est devenue fort suspicieuse. C'est du moins l'image que lui renvoyait Arthur. Cinq ans plus tard, il l'a quittée ou, plus exactement, l'a mise dehors, sous prétexte qu'il trouvait sa jalousie maladive : c'est l'explication qu'il a donnée à tout le monde et sur laquelle il s'est appuyé pour obtenir un divorce aux torts d'Inès, monter les enfants contre elle et garder la maison. Un an plus tard, alors que le divorce était déjà prononcé, intriguée par certaines remarques de ma part pendant une séance de psychothérapie, Inès a mené une enquête auprès d'amis perdus de vue. Elle s'est rendu compte alors qu'Arthur avait commencé à la tromper dès leur première année de vie commune. Elle a repris contact avec Soraya qui lui a raconté que, loin d'avoir fait des avances à Arthur, elle avait des mois durant résisté à une cour effrénée.

Un cas comme celui-ci n'est pas représentatif de la problématique de l'infidélité, mais néanmoins plus fréquent que l'on pourrait le croire. Surtout, il permet de souligner qu'il y a des cas où il n'y a pas d'autre solution que la rupture. Si Inès avait discuté avec Soraya au moment des faits, elle aurait probablement quitté Arthur, et son destin eut été très différent[1].

Qu'est-ce qu'une famille ?

L'accent actuellement mis sur le couple est une grande nouveauté. On trouve une trace de cette évolution dans les annonces matrimoniales : au XIXe siècle, il y est surtout question de la dot et du beau parti. La question de l'amour n'apparaît qu'au début du XXe siècle, et devient générale à partir de 1920[2]. Ainsi, faire l'amour, faire un couple, faire un enfant, faire une famille sont quatre actions qui tendaient à se confondre, mais qui sont aujourd'hui de plus en plus souvent dissociées. Le couple n'est plus la matrice de la famille, mais le creuset de l'amour[3]. Et les choses n'en sont pas devenues plus simples, bien au contraire !

Une famille entremêle généralement trois types de liens : les liens d'alliance, de filiation et de consanguinité[4]. Auxquels il fallait ajouter, à certaines époques, les liens d'esclavage.

1. Je renvoie, concernant de tels cas, à mon livre précédent chez Eyrolles, *D'amour en esclavage.*
2. D'après Rouche M., *Petite Histoire du couple et de la sexualité*, CLD, 2008, p. 156.
3. On lira avec intérêt, à ce sujet, Caron-Verschave L. et Ferroul Y., *Le mariage d'amour n'a que 100 ans. Une histoire du couple*, Odile Jacob, 2015.
4. Lévi-Strauss C., *Anthropologie structurale*, Plon, 1974, p. 62-63.

Les liens d'alliance

Le premier type de lien, le plus fondamental mais aussi le plus fragile, correspond au mariage et/ou au couple. En réalité, il peut aussi qualifier tout lien égalitaire en dehors des liens de sang. L'exemple le plus évident est l'alliance stratégique : il est d'autant plus représentatif que, dans beaucoup de cultures, les liens avec un allié étaient renforcés par un mariage. Dont on attendait, soit dit en passant, qu'il porte des fruits, c'est-à-dire qu'il soit créateur de liens de sang. Dans le même ordre d'idées, les mariages arrangés étaient des alliances entre familles.

Le lien d'alliance est fondamentalement un lien contractuel : dans le cas du mariage ou des alliances de type militaire, le contrat est explicite. Dans le cas du couple et des alliances stratégiques au sens non militaire du terme, le contrat est le plus souvent implicite. Dans tous les cas, il introduit des règles et l'obligation de les respecter, voire de se soumettre à une autorité, comme par exemple dans le contrat de travail. Les notions de contrat et d'égalité vont pourtant de pair. En effet, l'adhésion se fait sans contrainte, et la soumission des deux cocontractants est volontaire. Et plus je reçois de couples en thérapie, plus il me semble opportun de concevoir le lien d'alliance comme une soumission réciproque, voire une propriété réciproque. Comment justifier, sinon, la clause d'exclusivité sexuelle ?

Le droit de propriété est défini par le Code civil français comme « le droit de jouir et disposer des choses de la manière la plus absolue pourvu qu'on n'en fasse pas un usage prohibé par la loi ou les règlements[1] ». Par ailleurs, il se caractérise par trois attributs fondamentaux issus du droit romain :

- l'*usus*, qui est le droit d'utiliser un bien, d'en jouir sans le transformer ;
- le *fructus*, qui est le droit de disposer des fruits de ce bien ;
- l'*abusus*, qui est le droit de transformer ce bien, de s'en séparer ou de le détruire…

L'*usus* et le *fructus* sans *abusus* constituent l'usufruit, alors que l'*abusus* non accompagné d'*usus* ni de *fructus* correspond à la nue-propriété. La propriété réciproque se jouant dans le couple serait donc de l'ordre de l'usufruit. Cette conception du couple peut sembler curieuse, voire choquante, mais elle confirme qu'il s'agit bien d'un lien et pas d'une simple relation. Entrave pour entrave, ne peut-on choisir le lien plutôt que le subir[2] ? Cela contribuerait à l'épaissir, à le rendre plus fort face aux liens de sang…

Par ailleurs, des liens d'alliance de nature différente peuvent entrer en concurrence avec le lien amoureux. Cela saute aux yeux dans certains milieux.

Laurent et Catherine

Laurent est un comédien qui commence à remporter un certain succès. Il vient d'assurer le premier rôle dans un spectacle qui a tourné de nombreux mois dans toute la Francophonie. Catherine, qui exerce un métier plus sédentaire, craignait qu'il ne se laisse tenter par toutes les belles jeunes

1. Article 544 du Code civil.
2. Sénèque, *La Vie heureuse*, Arléa, trad. 1995.

femmes qui n'auraient pas manqué de lui faire des avances. À tort : le danger devait se manifester ailleurs...

Quelques mois plus tard, sur le tournage d'un film dans lequel il assurait un tout petit rôle, Laurent a eu une aventure avec une certaine Marlène. Perturbée dans sa propre vie amoureuse, Marlène a envoyé à Laurent un SMS compromettant, sur lequel Catherine est malencontreusement tombée. Consterné à la fois de sa propre infidélité et de sa révélation, il a invoqué l'ambiance très particulière des plateaux, la promiscuité et surtout le fait de fonctionner à l'unisson sur un projet commun, ainsi qu'un discours qui présente l'infidélité comme une norme. Il a ajouté qu'il avait rompu cette relation à la fin du tournage et qu'en fait, il ne comprenait pas tout à fait ce qui lui avait pris...

« Ce qui lui avait pris » ressemble très fort à un conflit entre deux liens d'alliance, celui du couple d'un côté et celui du plateau de l'autre. Nous allons voir à présent que le lien de couple peut entrer en concurrence avec d'autres types de liens également.

Les liens de sang

Les liens de filiation et les liens de consanguinité sont des liens de sang respectivement verticaux et horizontaux. Bien souvent, les liens de sang semblent avoir pour eux une légitimité particulière, face à laquelle le lien amoureux peut ne pas faire le poids.

Parfois, il faut comprendre l'infidélité comme une alliance secrète contre d'autres liens. Par exemple, une personne qui se sent isolée dans sa famille parce que son conjoint a noué une alliance de type stratégique avec ses parents, sa fratrie et/ou ses enfants, pourrait se créer ses propres « alliés » en ayant une vie amoureuse en dehors du couple. Il ne s'agira pas, dans ce cas, de simples relations, mais de liens, dont la coloration peut d'ailleurs ne pas être d'emblée sexuelle. Ainsi, certaines amitiés prennent de plus en plus de place et finissent par « dériver », comme on peut l'observer dans l'histoire suivante.

Serena et Manuel

Ils se connaissent et s'apprécient depuis longtemps en tant que collègues. Chacun vit une situation difficile dans sa vie privée. Serena a deux enfants et, dès la naissance du premier, son conjoint a décidé d'arrêter de travailler pour s'occuper des petits. Raison avancée : Serena gagne sa vie mieux qu'il ne pourra jamais le faire et, de toute façon, il a toujours rêvé d'être « homme au foyer ». Pourquoi pas ? L'idée semblait même sympathique. Mais, chaque fois qu'elle essaie de s'occuper des enfants, elle s'entend dire qu'elle s'y prend mal. Manuel a deux enfants également, à peu près du même âge que ceux de Serena. Son fils ne cesse de le provoquer, de façon de plus en plus grossière au fil du temps, et sa femme l'empêche d'exercer des sanctions. Serena et Manuel ont commencé par se coacher mutuellement par rapport aux enfants puis, un soir où ils étaient restés plus tard au travail, ils ont « craqué ». Serena, sans être à proprement parler frigide, n'avait jamais connu l'orgasme avant ce soir-là...

Serena et Manuel ont en commun d'être dénigrés dans leurs rôles parentaux, ce qui, de la part de leurs conjoints respectifs, est une façon particulièrement pernicieuse de faire alliance avec les enfants. Il y a d'autres cas de figure et surtout d'autres contextes, par exemple quand l'un des parents est réellement déficient, où l'alliance parent-enfant semble se justifier. Mais même alors, de tels fonctionnements familiaux sont malsains, car le lien d'alliance est fondamentalement horizontal et le lien de filiation tout aussi fondamentalement vertical. On a été jusqu'à qualifier ces fonctionnements de « triangles pervers[1] », ce qui ne signifie pas que les personnes concernées seraient perverses, mais bien qu'elles sont prises dans une logique perverse, du fait qu'elles n'évoluent pas dans leur génération mais dans celle du dessus ou du dessous.

Qu'est-ce qu'un mariage ?

Le mariage est une institution ancienne et commune à un grand nombre de cultures. Certains sociologues disent que cette institution s'est vidée de son sens, mais en réalité, ce sens varie dans l'espace et dans le temps.

Le mariage gréco-romain

Les rôles de mari, de père et de maître, dans l'antiquité gréco-romaine, fusionnent, puisque l'homme est pareillement propriétaire de sa femme, de ses enfants et de ses esclaves. Seules les femmes sont réellement tenues à la fidélité, parce que les pères veulent être sûrs de leur paternité. Pour les Grecs anciens, la passion est source d'action si elle est contrôlée par la raison, mais de souffrance si rien ne la bride. Chez les stoïciens romains, le principe est poussé un peu plus loin, puisque la tempérance est présentée comme la condition du bonheur[2]. La fidélité de l'homme, dans ce contexte, ne sera ni

1. Haley J., « Pour une théorie des systèmes pathologiques », in Watzlawick P., Weakland J. et Norton J., *Sur l'interaction*, Seuil, 1981, p. 60-80.
2. Voir par exemple Sénèque, *La Vie heureuse* (déjà cité).

une obligation légale, ni un signe d'amour conjugal, mais un évitement des désordres de la passion, du latin *passio*, « fait de subir, de souffrir, d'éprouver », du verbe *pati* dont on a tiré le français « pâtir ». L'amour, c'est censé se vivre hors mariage et c'est, au moins potentiellement, une source de malheur. Il ne faudrait pas croire que ces conceptions ne nous concernent plus. Des histoires comme celle que l'on va lire ci-dessous ne sont pas si rares, et montrent que cette approche du couple survit encore à travers les âges.

Michel et Corine

Michel a rencontré Corine pendant ses études d'ingénieur civil, alors qu'elle travaillait déjà en tant que secrétaire. Il ne se sentait guère amoureux d'elle, mais a décidé d'emblée qu'elle serait la mère de ses enfants. J'ignore ce qu'elle en pensait, mais elle est tombée enceinte assez rapidement et ils ont fondé une famille qu'ils voulaient et qu'ils ont eue nombreuse. Il l'a trompée dès la première grossesse et a eu, au fil du temps, de nombreuses relations extraconjugales, dont trois de longue durée, qu'il présentait à ses amis comme des histoires d'amour. Corine ne s'est aperçue de rien pendant plus de vingt ans malgré un grand nombre de conflits portant entre autres sur leur sexualité, trop conventionnelle au goût de Michel.

Un jour, Corine est tombée sur le pot aux roses. Ce fut la crise. Elle a mis Michel dehors, mais il l'a suppliée. Assiégée. L'univers de Corine s'était écroulé, mais celui de Michel aussi. Il lui était impossible d'imaginer voir ses enfants à mi-temps, mais ce n'était pas tout : il s'est rendu compte qu'il ne pouvait pas vivre sans elle, qu'il en avait besoin. Confrontée aux larmes de Michel, Corine a imaginé qu'il l'aimait. Il s'est bien gardé de la contredire et lui a promis tout ce qu'elle voulait. Ils ont fait une thérapie de couple, occasion de mettre au travail les conflits que Michel, jusque-là, avait traités par l'évitement. Ils ont trouvé des solutions, des compromis.

Michel a tenu ses promesses. Entre autres, il ne l'a plus jamais trompée. Un jour, il a dit à l'un de ses amis qu'il était apaisé. Qu'il avait aimé plusieurs femmes, avait vécu avec elles ce qu'il avait à vivre et n'avait pas de regret. Qu'il n'avait jamais aimé Corine, mais qu'il était heureux en famille.

On pourrait évoquer, ici, dans la lignée du stoïcisme romain, une certaine vision du féminin, de l'« éternel féminin », comme on dit, relayant l'idée que les femmes sont dangereuses. Toutes plus ou moins sorcières. D'une part, elles s'abandonnent trop facilement à leur passion (elles sont « hystériques », disent les machos de service), et d'autre part, elles y entraînent les hommes. Michel adhérait à ce genre de croyance et avait choisi Corine explicitement parce qu'il la jugeait plus mère que femme, donc moins dangereuse que d'autres – par exemple, ses maîtresses.

Si j'en crois mes petites statistiques recueillies en tant que thérapeute de couple, il n'est pas rare, quand un homme trompe une femme, que l'on accuse la maîtresse ! En revanche, malgré la forte fascination exercée par le mythe de Don Juan, si une femme trompe un homme, on imagine souvent qu'elle a « le feu au cul », selon l'expression très crue et très répandue, et/ou que l'amant est plus séduisant que le mari. Mais on envisage assez difficilement que la femme ait pu être manipulée, qu'un beau parleur ait exploité chez elle un moment de faiblesse. En France, l'infidélité féminine resterait ainsi plus mal perçue que l'infidélité masculine, y compris par les femmes elles-mêmes[1].

1. Jaspard M., *Sociologie des comportements sexuels*, La Découverte, 2005, p. 104.

Le mariage judéo-chrétien

Il était beaucoup plus égalitaire que son homologue gréco-romain. On en a retenu le principe d'indissolubilité, mais celle-ci allait de pair avec le libre consentement. Aujourd'hui, cela semble évident, mais à l'époque c'était révolutionnaire : on ne pouvait forcer une femme à épouser un homme qu'elle n'aimait pas, et cette mesure, quand elle était appliquée, empêchait que les femmes soient de simples objets d'échange entre familles. L'amour de l'autre sexe était supposé préparer à celui du Tout-Autre qu'est Dieu[1]. Dans le même ordre d'idées, le concept même de couple serait d'invention relativement récente, à savoir de 1798, et sa paternité reviendrait à un prêtre, l'abbé Delille. Celui-ci aurait emprunté ce mot à la physique pour rendre compte, au niveau amoureux, de l'articulation de « deux forces égales et de sens contraire[2] ». On voit que nous sommes très loin du patriarcat de triste mémoire…

À nouveau, il s'agit d'un courant, plus ou moins manifeste ou immergé suivant les périodes. Dans la France actuelle, il serait plutôt dominant, malgré le net recul du christianisme. En effet, si l'on examine d'un peu plus près les raisons que les gens se donnent d'être fidèles, il est fréquent que l'on sente pointer, entre autres grandes raisons, quelque chose de l'ordre d'une indissolubilité d'un couple qui s'est fondé sur un amour mutuel. C'est le thème de l'amour éternel, idéal, auquel certains ont tant de mal à renoncer qu'ils en entretiennent l'illusion envers et contre tout. Ce qui

1. Rouche M., *op. cit.*, p. 68.
2. *Ibid.*, p. 161.

inclut, aussi paradoxal que cela puisse paraître, l'infidélité. L'histoire suivante, si on la retirait de son contexte, pourrait passer sans problème pour celle d'un couple d'un tout autre siècle... Là aussi, on constate que la culture, si ancienne soit-elle, continue d'imprégner les pensées et les comportements de notre époque.

Diane et Robert

Diane a épousé Robert contre l'avis de ses parents, qui lui trouvaient mauvais genre. Les amoureux se voyaient en cachette, mais c'était de plus en plus compliqué. Quand le père de Diane a découvert toute l'histoire, il lui a dit qu'elle allait devoir choisir, et que si son choix tombait sur Robert, il la renierait. Elle se sentait une nouvelle Juliette et, n'ayant pas réellement vécu de crise d'adolescence, elle trouvait cela très exaltant. Désireuse d'une fin moins tragique que la Juliette de Shakespeare, elle a toutefois refusé de céder au chantage de son père, et est restée plusieurs années sans le revoir.

Robert idolâtrait Diane et il apparaîtrait pendant leur thérapie de couple que, malgré un athéisme militant, il était impressionné par l'éducation chrétienne de sa femme. Mais surtout, il n'en revenait pas qu'elle se soit dressée contre son père pour vivre avec lui. Lui aussi comparait leur couple à celui de Roméo et Juliette, pour des raisons plus précises : d'une part, il se reconnaissait dans l'impulsivité de Roméo, d'autre part, il trouvait Diane plus sage, plus saine, voire plus « sainte » que lui, ce qui était aussi le cas de Juliette dans leur pièce fétiche.

Robert se voyait comme l'homme d'une seule femme et croyait que, pour Diane, c'était pareil. Un jour, cette utopie s'est effondrée : il a découvert qu'elle avait un amant... La messagerie de Diane était ouverte et une intuition lui avait fait commettre l'indiscrétion d'aller lire ses e-mails. Il était tombé sur une correspondance de nature pornographique, tant par le vocabulaire utilisé que par les actes sexuels évoqués et projetés : elle avait fait avec cet homme des choses que Robert n'aurait même pas imaginé lui demander... Il apparaîtrait aussi qu'elle éprouvait un certain plaisir à s'avilir, en se soumettant à des désirs qu'elle était pourtant la première à juger grossiers.

Un aspect de cette histoire est que Diane n'avait pas pris autant de précautions qu'elle l'aurait dû pour que Robert ne tombe pas sur ses e-mails. Comme si elle avait voulu, inconsciemment, qu'il découvre son infidélité. Comme si leur couple avait besoin d'un électrochoc. Elle avoua en tout cas qu'elle s'était sentie enfermée dans l'image idéale que Robert se faisait d'elle, et qu'elle avait ressenti le besoin d'en vivre l'antithèse pour ne pas s'enfuir de leur mariage.

Qu'est-ce qu'un couple ?

Le couple… Ce mot est devenu tellement commun qu'on l'utilise à l'heure actuelle à toutes les sauces. Pourtant, historiquement parlant, un couple est avant tout un lien contractuel posant quelques règles, généralement tacites, mais dont les deux conjoints connaissent forcément l'existence, parce qu'elles appartiennent au répertoire culturel commun.

Premièrement, la notion de couple suppose l'égalité dans la différence (« deux forces égales et de sens contraire »). Cela inclut, me semble-t-il, que la différence de l'autre ne puisse jamais être interprétée comme une infériorité. C'est particulièrement sensible dans la sexualité, où l'on peut refuser de satisfaire un désir exprimé par l'autre, sans pour autant le juger d'éprouver le désir en question. Mais cela concerne bien évidemment tous les aspects de la vie de couple.

Deuxièmement, « faire couple » implique un engagement à l'exclusivité sexuelle. On peut ne pas adhérer à cette clause et cela n'a rien de répréhensible, mais alors ce n'est pas un contrat de couple.

Troisièmement, quand on aime, c'est pour toujours ! « Il y a des gens qui s'aiment toujours, et il y en a beaucoup plus qu'on ne le croit ou qu'on ne le dit. Et tout le monde sait que décider, surtout unilatéralement, la fin d'un amour est toujours un désastre, quelles que soient les excellentes raisons qu'on met en avant[1] ». Tout le monde sait que peu de couples durent toute la vie, mais ce constat réaliste n'empêche pas le contrat de couple d'être un engagement définitif… Si l'on en doute, il suffit d'écouter quelques chansons d'amour courant sur toutes les lèvres ou de visionner quelques films sentimentaux à succès, pour se rendre compte à quel point cela reste d'actualité.

Quid de l'amour libre ?

J'entends parfois que l'amour libre est une option de couple possible, mais pour que cela le soit, il faudrait déjà que ce soit un lien. Or, le principe même de cette option est l'absence d'entrave. Que l'on m'entende bien : ce n'est pas un jugement de valeur. Le couple occupe, dans nos sociétés, une place centrale, mais cela n'a pas toujours été le cas. Et si l'on poussait l'idéal de liberté jusqu'à sa pleine réalisation, l'exclusivité sexuelle n'aurait plus beaucoup de sens, donc la famille s'organiserait sans le couple. Après quoi, on pourrait se demander pourquoi nous restons attachés au modèle du couple,

1. Badiou A., *Éloge de l'amour*, Flammarion, 2009, p. 53.

alors que la libération sexuelle semble le désavouer. La famille dans laquelle a grandi Évelyne a cru qu'il suffisait de décider qu'une chose était réalisable pour qu'elle soit forcément bonne…

Évelyne

Ses parents, artistes parisiens, ont participé aux émeutes de Mai 68 et à la transhumance hippie. Ils pratiquaient l'amour libre et avaient choisi de rester ensemble seulement pour avoir des enfants. Ils en ont eu deux, tout en poursuivant leur vie amoureuse chacun de son côté. Jusqu'au jour où la mère d'Évelyne a commencé à en souffrir et à revendiquer une vie plus classique. Il y a eu de plus en plus de disputes, et le père a demandé le divorce.

Évelyne ne croyait pas avoir souffert du mode de vie de ses parents. Toutefois, au fil de ses séances de thérapie, elle s'est rendu compte qu'en réalité, sa sœur et elle-même étaient longtemps restées dans l'ignorance des « à-côtés » de leurs parents et qu'elles avaient été, selon ses termes, « empoisonnées » par l'atmosphère de secret dans laquelle elles avaient grandi. Évelyne comprendrait mieux, rétrospectivement, pourquoi elle avait ressenti du soulagement au moment du divorce, et pourrait dès lors ne plus se sentir coupable de cette sensation.

Il y avait, dans cette famille, des liens de filiation et un lien fraternel, mais y avait-il un vrai couple ? Il y avait, certes, une relation amoureuse – à entendre au sens précis que je donne au mot « relation ». Il y avait surtout, faisant lien entre les parents, l'engagement conjoint dans un projet de famille, mais le couple proprement dit était un simulacre. Ce cas est particulièrement intéressant, parce qu'il pose la question du destin d'Évelyne si ses parents avaient vécu dans une société au sein de laquelle ils n'auraient pas éprouvé le besoin de mentir à leurs filles…

D'un point de vue moral, la seule critique que l'on pourrait émettre ne s'adressera pas à l'amour libre en tant que tel, mais aux personnes infidèles qui se servent de cet idéal pour justifier leur infidélité dans l'après-coup. C'est évidemment malhonnête, puisque la personne trompée, du fait qu'elle est liée dans le couple, risque d'accepter ce nouveau contrat non parce qu'elle le désire, mais faute d'avoir un réel choix. Aux antipodes d'un tel cas de figure, j'ai connu un homme qui menait de front trois relations amoureuses. Les trois femmes étaient au courant et y trouvaient, semble-t-il, leur compte, n'ayant pas davantage que lui envie de s'engager dans une histoire de couple.

DEUXIÈME PARTIE

« Comment avons-nous pu en arriver là ? »

L'infidélité comme crise de couple

Elle lui disait : « Ça m'inquiète
Tu me voyais bien pourtant
Il te faudrait des lunettes
Tu pourrais de temps en temps
Me dire que je suis belle »
Mais ses yeux étaient restés
Tout au fond de ses jumelles
Où il était enlisé
Car en face il regardait
Une autre qui s'en doutait

« Floue, tu me vois floue
Et moi qui t'aime et qui l'avoue
Je ris, je pleure, tu t'en fous
Mais de la fille qui se joue
Tu connais tout, tout, tout »

Anne Sylvestre, *Flou*

Chapitre 4

Qu'attendons-nous de notre couple ?

Le psychanalyste Roberto Losso répertorie dix-huit raisons de se mettre en couple[1]. La psychanalyse étant pour beaucoup une langue très étrangère – et certains la soupçonnant même d'être une langue de bois, je vais tâcher d'en assumer une traduction-adaptation.

1. Ne pas rester seul

On dit qu'« il vaut mieux être seul que mal accompagné », mais la plupart des gens vivent très mal la solitude et préfèrent être mal accompagnés que seuls. L'infidélité pourra dès lors n'être que le sas entre deux couples, une façon, si le couple va très mal, de préparer la sortie vers un nouveau couple. Il y a ainsi des gens qui s'arrangent pour ne jamais être célibataires.

1. Losso R., *Psychanalyse de la famille*, Franco Angeli, 2000.

Il est vrai que la peur de la solitude n'est pas la meilleure motivation pour fonder un couple, dans la mesure où elle est négative : ne pas être seul et être en couple sont deux choses, l'air de rien, radicalement différentes. Néanmoins, il semblerait que cette motivation soit la plus fréquente, la plus élémentaire, voire la plus universelle… Et toute infidélité contient au moins potentiellement l'ébauche d'un couple. Pour que cela devienne un vrai couple, la condition est toujours la même : la « porte de sortie » doit devenir une « porte d'entrée ». S'il s'agissait seulement de ne pas être seul, il faudra que cette peur devienne un désir d'être à deux. Dans le récit ci-dessous, il semble que l'aiguillon du désir soit surtout celui d'une certaine frousse du vide.

Isabelle

« Il a trompé sa femme avec moi, puis il m'a trompée avec sa femme, puis il nous a quittées toutes les deux pour essayer de se mettre en couple avec une femme qui aurait refusé de n'être que sa maîtresse. Finalement, elle n'a pas voulu de lui et il s'est retrouvé célibataire. Il est revenu vers moi, mais du coup c'est moi, instruite par l'expérience, qui ne voulais plus de lui. Actuellement, il me fait la cour. Je me sens malgré moi de plus en plus touchée par ses efforts et je pense que je vais finir par craquer, mais rien ne presse. »

La question sous-jacente à cette première raison de se mettre en couple me paraît cruciale : en réalité, la solitude fait partie de la condition humaine. On est seul dans sa propre tête, quel que soit le nombre de personnes autour de soi. Pour l'humain qui admet cette réalité, « sa solitude pourra être "avec" l'autre[1] ». Celui qui la refuse,

1. Lebrun J.-P., *Les Couleurs de l'inceste*, Denoël, 2013, p. 250.

en revanche, s'expose à développer une « addiction relationnelle ». Je pense en particulier à ces personnes qui multiplient les infidélités, comme si un grand nombre de relations soutenait l'illusion que « la solitude, ça n'existe pas[1] ».

2. Régler son œdipe

Le complexe d'Œdipe est un scénario inconscient autour duquel, selon Sigmund Freud, s'organise la vie psychique : le petit garçon serait amoureux de sa maman et renoncerait à elle par peur des réactions de son papa. Le cas de la petite fille est moins net, car la maman est souvent le premier objet d'amour pour les enfants des deux sexes. En pratique, il peut arriver qu'un enfant fasse une déclaration authentiquement amoureuse à l'un de ses parents (par exemple, une demande en mariage), voire même qu'il lui fasse des avances sexuelles. Mais cela peut aussi prendre une forme plus discrète : par exemple, il manifeste un désaccord quand ses parents s'embrassent. J'ai proposé de reformuler l'œdipe comme un « complexe de défusion » : l'enfant fusionne avec l'un des parents ou les deux, et ce n'est pas tant l'un des parents qui s'interpose que le couple, en tant que lien d'alliance, qui prend le pas sur le lien de filiation. Quelle que soit la définition adoptée, l'enfant « règle » son œdipe au moment où il accepte qu'il devra faire couple en dehors de sa famille d'origine. Aux antipodes du « triangle pervers » dont il est question au chapitre 3 autour de la notion de famille, le triangle œdipien exclut toute alliance parent-enfant, et je dirais même

1. Titre d'une chanson de Gilbert Bécaud.

toute alliance qui viendrait redoubler un lien de sang : c'est ce que Sigmund Freud, à la suite des anthropologues, appelle le « tabou de l'inceste ».

Il n'est pas exclu que certains couples rejouent le complexe d'Œdipe dans leur intimité. Mais ce qui est certain, en revanche, c'est qu'en faisant famille, on reproduit des schémas issus de sa famille d'origine et que l'on se met parfois, du coup, à faire des amalgames entre son conjoint et un ou plusieurs de ses parents. Quand c'est le cas, la sexualité en pâtit et l'infidélité peut être une manière d'échapper à un sentiment d'inceste qui, pour être totalement imaginaire, n'en est pas moins envahissant : pour certains de mes patients, la sexualité du couple s'est totalement arrêtée avec la naissance du premier enfant, voire dès le début de la grossesse, ceci à l'initiative de la femme, de l'homme ou des deux.

Une problématique très fréquente consiste à investir sa parentalité au point que plus rien d'autre n'existe : tout tourne alors autour de l'enfant. Il m'est arrivé de défendre l'idée que les enfants ont besoin de savoir que leurs parents ont une sexualité, parce que cela marque la différence des générations : les parents partagent à deux quelque chose qu'ils ne partageront jamais avec leurs enfants, ni les enfants entre eux. Voire même : papa a un pouvoir sur maman, et maman sur papa, que les enfants n'auront jamais sur eux.

Il semble qu'en moyenne, les femmes se sentiraient plus coupables que les hommes de leur infidélité, parce qu'elles l'investiraient davantage au niveau affectif. Mais ce qui va nous intéresser ici, c'est qu'elles se sentiraient coupables vis-à-vis de leur conjoint, certes, mais aussi vis-à-vis de leurs enfants et de leur entourage[1]. Plusieurs explications sont possibles, mais si je me réfère à ce que j'entends en consultation, ces statistiques concernent un certain type de femmes surtout, qui se sentent coupables, au fond, d'avoir une vie de femme, de ne pas s'être dédiées corps et âme à leur maternité. Leur vécu est assez paradoxal : d'une part elles ne s'autorisent plus à vivre leur vie de femme dans le couple, mais d'autre part elles se sentent coupables de la vivre ailleurs. Si je reviens à ma proposition de définir le couple comme une propriété réciproque, les choses se passent comme si elles appartenaient à leurs enfants plus qu'à leur conjoint, ce qui serait lourd de conséquences en termes d'œdipe. En effet, si une femme a l'impression de « trahir[2] » ses enfants en se donnant à un homme, cela semble sous-entendre qu'elle est en alliance avec eux davantage qu'avec lui. Les agissements de femmes comme Felicita démontrent à quel point cela peut nuire aux enfants.

Felicita

Non contente de tromper son mari, elle faisait alliance contre lui avec leurs filles, auxquelles elle confiait ses aventures extraconjugales en s'arrangeant pour obtenir leur approbation – ainsi bien sûr que le secret. Les filles donnaient tous les torts à leur père, sans réaliser ce qu'il y avait de malhonnête

1. D'après Dallaire Y., *Les Illusions de l'infidélité. La prévenir ou y survivre*, Éditions Jouvence, 2007.
2. Le mot peut sembler fort, mais c'est celui que les patientes auxquelles je pense utilisent. Je précise au passage qu'un tel surinvestissement de l'enfant peut être partagé par le conjoint. Je connais quelques cas où chacun vit sa sexualité de son côté, la différence entre la femme et l'homme étant que la première aura tendance à développer un lien avec son amant, alors que l'homme s'en tiendra le plus souvent à de simples relations sans lendemain.

et de malsain dans le comportement de leur mère. Elles en vinrent à s'interroger sur la paternité biologique de leur père, aidées en cela par le flou entretenu par leur mère.

3. Prendre la place de ses parents

De la même façon que les enfants jouent à papa-maman, les adultes peuvent se mettre en couple uniquement pour faire comme leurs parents voire, plus platement encore, « comme tout le monde ». Des couples se fondent sur une telle base et reproduisent alors de façon parfois caricaturale le modèle auquel ils se conforment. Pour peu qu'un des deux « grandisse » ou se lasse du « jeu », il risque fort « d'aller voir ailleurs s'il y est ». Mais, dans ce genre de couple, le cas d'infidélité le plus fréquent est celui où elle fait partie du modèle à reproduire. Lorsqu'un conjoint agit de cette façon, ce n'est bien entendu pas de façon délibérée, cela le dépasse : c'est comme si le passé familial maniait les fils d'une marionnette.

Fidelisa

Très critique vis-à-vis de sa mère Felicita, Fidelisa s'était mise en couple en pensant qu'elle ne tromperait jamais son mari. Cependant, la famille qu'elle avait fondée ressemblait comme deux gouttes d'eau à sa famille d'origine : mari de même profil que son père, même nombre d'enfants, même genre de vie, etc.

Les enfants grandissant, elle a commencé à s'ennuyer et en a attribué la responsabilité à son mari, qu'elle trouvait terne. Un collègue lui a fait des avances auxquelles elle a voulu résister, mais la tentation était trop forte. Une nuit, elle a fait un cauchemar dans lequel elle était devenue sa propre mère. Elle s'est réveillée en sursaut avec l'impression que ce n'était pas faux, et a décidé de commencer une psychothérapie.

4. Affirmer son identité

La confrontation à l'autre dans le cadre d'un vrai lien est un moyen sûr de construire son identité, de se sentir – littéralement – quelqu'un. D'abord, réussir à séduire une autre personne renforce l'estime de soi, puis faire l'amour confirme l'identité sexuelle. Être en couple confère aussi un statut social et une appartenance, donc une identité, et se retrouver célibataire est souvent vécu comme une régression. Tromper l'autre, enfin, peut être une façon de rester fidèle à soi-même, de réaffirmer une identité que le couple commençait à mettre en danger. Les exemples sont nombreux : on est si souvent disqualifié par son conjoint que l'on finit par ne plus savoir qui l'on était avant la rencontre ; on a l'impression de n'être plus qu'une simple annexe de ce conjoint ; on est « collé à lui » si étroitement qu'une chatte n'y retrouverait plus ses petits ; les conflits sont si fréquents que tout se brouille ; etc.

En réalité, trois identités au moins se disputent le « terrain » : le « Je », le « Tu », le « Nous », etc. Et comme dans tout conflit, il peut se nouer des alliances dans tous les sens. Par exemple, le « Je » peut se réfugier derrière le « Nous », voire le « Tu », face au « Ils » de la famille d'origine. Deux dangers peuvent menacer une identité : une trop grande souplesse rend difficile l'affirmation de soi, mais une trop grande rigidité nuit à la qualité des appartenances. On peut ainsi se sentir enfermé par l'autre dans une identité qui gêne aux entournures. Et réciproquement, le conjoint peut se sentir enfermé dans une caricature de lui-même. Le « Nous » peut aussi se rigidifier, empêchant toute adaptation aux nouvelles réalités (par exemple, quand le besoin de maintenir l'identité du couple inchangée à travers le temps l'emporte sur la nécessité d'aborder certains conflits).

L'infidélité peut jouer un rôle important dans ce jeu d'identités, avec plus ou moins de bonheur. Dans l'histoire qui suit, ce jeu prend des allures de labyrinthe.

Clémentine

« J'avais l'impression de me perdre dans mon couple. Par exemple, il y avait un tas d'activités qui me tenaient à cœur et que j'avais pourtant abandonnées. Quand Benoît m'a proposé, très cash, de devenir sa maîtresse, j'ai commencé par l'envoyer paître, mais je dois reconnaître qu'il me plaisait. Ce qui m'a décidée à le relancer est l'envie d'un "jardin secret". Au début, cette relation répondait pleinement à mes attentes. Malheureusement, ma mère est tombée dessus, et là c'est devenu sordide : elle a récupéré sur moi toute l'emprise qu'elle avait perdue quand je me suis mariée. »

On pourrait reformuler ce récit de la façon suivante : le « Je » de cette femme s'est dans un premier temps réfugié derrière le « Nous » du couple pour échapper au « Tu » de sa mère. Elle a cru, dans un deuxième temps, renforcer son « Je » en jouant le « jardin secret » de l'infidélité contre le « Nous » du couple… Je garde l'expression de « jardin secret » parce que l'amant, Benoît, semble avoir été prétexte au développement du « Je » davantage que porte d'entrée dans un nouveau « Nous » : on retrouve ici la différence entre une relation et un lien. La chute de l'histoire indique que la famille d'origine n'est pas un « Ils » extérieur au couple, ni un « Nous » qui disputerait son « Je » avec le « Nous » du couple, mais un « Tu », un prolongement de la mère qui s'est révélée, au fil des séances de thérapie, être quelque chose comme un « vampire[1] ».

1. Maes J.-C., *D'amour en esclavage. Ces relations qui font du mal*, *op. cit.*, p. 17-21.

5. Être gratifié affectivement

« Pourquoi crois-tu la belle/Que les marins au port/Vident leurs escarcelles/Pour offrir des trésors/À de fausses princesses », demande Jacques Brel. « Pour un peu de tendresse ». J'ignore s'il parlait d'expérience, mais les prostituées rapportent effectivement que leurs habitués – et même quelquefois des clients plus occasionnels – viennent pour parler, passer un moment affectif finalement plus que sexuel… Faut-il, de toute façon, dissocier ces deux registres ? Sentir qu'on est désiré, voire aimé, exister dans les yeux de quelqu'un, pour une nuit, un mois, un an, une vie, « un peu, beaucoup, passionnément, à la folie », tout cela, si modeste que soit ce « tout », fait fuir le « pas du tout ». La gratification est proportionnelle au sacrifice consenti par l'autre : engagement dans un couple, compromission dans une infidélité, prise de risque, etc. Elle peut également, à l'inverse, être proportionnelle au don de soi. Idéalement, on devrait trouver dans le lien amoureux toute la gratification affective dont on a besoin, mais souvent, hélas, peut-être à force de « regarder ensemble dans la même direction[1] », on oublie de se regarder l'un l'autre dans le blanc des yeux.

La petite fable racontée par Anne Sylvestre dans l'une de ses chansons, intitulée *Flou*, est très parlante. Elle met en scène une femme qui se demande si son conjoint la trouve encore à son goût, qui fait tout pour attirer son attention, mais qui se heurte au fait qu'il la voit floue. En revanche, il voit très bien, les yeux vissés à ses jumelles, une voisine « qui s'en doute ». La femme décide alors d'aller s'installer

1. De Saint-Exupéry A., *Terre des hommes*, Gallimard, 1939, p. 225.

en face : « Sans plus la reconnaître/Alors il la découvrit ». Malheureusement pour lui, c'est elle qui se mit à le voir flou, faute de jumelles…

6. Avoir du plaisir sexuel de façon stable

La sexualité s'exprime entre deux pôles : l'intensité s'oppose à la stabilité, autrement dit, la qualité à la quantité. Évidemment, l'idéal est d'avoir les deux. Mais force est de constater que l'on vit plus facilement l'intensité dans l'infidélité, peut-être parce que les moments à deux sont, dans la plupart des cas, moins longs et moins fréquents que dans une vie de couple. À l'inverse, les possibilités de faire l'amour en couple sont plus nombreuses, mais l'envie peut finir par diminuer, voire disparaître. Il reste pourtant, dans beaucoup de couples, quelque chose comme un devoir garantissant une stabilité dans les rapports sexuels. Il s'agit, ici, de suivre l'aphorisme de Pierre Bourdieu : « Faire de nécessité vertu[1] ». Dans le meilleur des cas, cela peut devenir un art de vivre.

7. Alléger sa culpabilité œdipienne

Les fantasmes que l'on développe quand on s'imagine « avec quelqu'un » peuvent revêtir une dimension violente, voire perverse, parce qu'ils mettent en scène ce à quoi on a renoncé en résolvant son complexe d'Œdipe. Même si l'on ne désire pas forcément réaliser ces fantasmes, on peut s'en sentir coupable. Le fait d'obtenir

1. Bourdieu P., *Esquisse d'une théorie de la pratique*, Librairie Droz, 1972, p. 177.

non pas *la* satisfaction mais *une* satisfaction[1] pacifie ce que l'on a pu ressentir de frustration, d'envie (au sens « jaloux » du terme), de colère, etc. C'est pourquoi le fait d'être en couple allège ce que les psychanalystes appellent la « culpabilité œdipienne ». L'infidélité peut souvent se comprendre comme une remise en question de ce compromis devenu, au fil du temps, plus frustrant que satisfaisant. Parfois parce que les relations sexuelles illégitimes sont plus proches des fantasmes que ne l'ont jamais été les rapports légitimes. En réalité, les limites mises à la réalisation des fantasmes ne viennent pas toujours du conjoint : par exemple, on peut avoir honte d'un aspect de sa sexualité dans les relations avec son conjoint légitime et l'assumer ailleurs. Il arrive également que l'on ait, hors couple, une révélation ; que l'amant ou la maîtresse mette le doigt sur un aspect jusque-là inconscient.

8. Pouvoir exprimer son agressivité dans le lien

La plupart du temps, on garde son agressivité pour soi, par délicatesse ou par crainte des représailles que pourrait exercer celui ou celle à qui cette agressivité s'adresse. Pour peu que le lien soit fort et que les conjoints en soient pleinement conscients, il se crée un espace relationnel suffisamment sécurisé pour que l'agressivité puisse s'exprimer sans réserve. Il arrive même qu'elle initie un changement constructif, illustrant l'aphorisme « Pas de changement sans crise ».

À l'inverse, si l'agressivité ne peut s'exprimer ou si elle le fait de façon violente, destructrice, l'infidélité peut servir de « zone neutre », de

1. Les relations réelles sont toujours un compromis entre ce que l'on fantasme ou désire et ce que l'on découvre possible.

lieu de décharge, de repos, de ressourcement, etc. Par ailleurs, le fait même de tromper son conjoint est parfois une expression indirecte de l'agressivité que l'on ressent sans la lui montrer, voire sans se l'avouer à soi-même.

9. Prendre son indépendance

On sait que beaucoup de jeunes filles, à une certaine époque, se sont mariées principalement dans le but de « quitter la maison ». Voire se sont arrangées pour tomber enceintes de façon à forcer le mariage. Nous n'en sommes plus là ; en revanche, j'entends beaucoup de jeunes justifier leur prise d'autonomie vis-à-vis de leurs parents en arguant d'une soumission à leur conjoint : ils seraient, à les entendre, passés d'une soumission à une autre, et se servent de cet alibi pour désobéir à leurs parents. C'est parfois vrai : dans les civilisations patriarcales, les femmes passent de la possession de leur père à celle de leur mari. Plus fondamentalement encore, on pourrait se demander s'il n'y a pas un lien entre le « syndrome Tanguy » et la difficulté qu'auraient beaucoup de jeunes, de leur propre aveu, à s'engager dans un couple, à se lier à quelqu'un. En effet, cela implique de renoncer à une part de sa liberté, comme l'exprime Olivia avec une certaine fatalité.

Olivia

« Je me rends compte que je me suis mariée pour m'autonomiser de mon père et que j'ai pris un amant pour me sentir moins dépendante de mon mari. C'est très cliché. Ce n'est pas ce que je voulais, mais je suppose que c'était mon destin. »

10. S'autoriser à régresser

La régression est un mécanisme psychique permettant de revenir à des fonctionnements *a priori* révolus. Elle concerne plus particulièrement des comportements et des états d'esprit infantiles, datant d'une époque où l'on ne portait pas encore de masque social. « Nous retombons en enfance » est typiquement un constat de régression. Une sexualité ludique, par exemple, est régressive, et c'est tout à fait positif. Faire l'enfant avec son conjoint permet une vraie détente à condition que l'on redevienne adulte dans les situations qui l'exigent. Dans un couple qui fonctionnerait non-stop sur le mode adulte, l'infidélité peut se vivre comme un terrain de jeu en marge du foyer. À l'inverse, dans un couple qui aurait régressé à un stade affectif ou sexuel trop enfantin ou de façon permanente, l'infidélité pourrait correspondre à la recherche d'une relation plus « adulte ».

Lorie

« Mon amant est un ami de mon copain, il est plus âgé que nous et père de famille. Quand il vient manger à la maison, il n'arrête pas de nous chambrer sur le fait que nous n'essayons pas de faire un enfant, et que c'est normal puisque nous sommes des enfants... Je me venge dans l'intimité en le traitant de pédophile. »

11. Créer des alliances

Le lien amoureux est une alliance particulièrement serrée, ceci pour au moins quatre raisons :

1. Le conjoint répond à une attente.

2. Dans le couple, plus facilement peut-être que dans d'autres alliances, le dialogue devient une communion[1].
3. La sexualité, quand elle est satisfaisante, est un liant puissant.
4. *Last but not least*, le couple sert de socle à une série de projets plus faciles à mener à deux que seul, tels que l'achat d'un bien immobilier, la parentalité ou même un projet professionnel.

Un aspect de l'alliance, c'est qu'elle se noue toujours *contre* quelque chose. Contre la famille d'origine, contre le monde extérieur, contre l'adversité, etc. Il en découle que toute alliance est ambiguë, car toujours susceptible de basculer, les amis d'aujourd'hui étant, comme on dit, les ennemis de demain. Ainsi, votre conjoint est toujours susceptible de devenir votre ennemi, comme dans la chanson de Charles Aznavour jouant sur le double sens de « Toi contre moi », qui peut indifféremment signifier la proximité physique ou la guerre. C'est pourquoi vous développerez toujours peu ou prou des alliances secrètes, au moins potentielles. Évidemment, ces alliances ne vont pas obligatoirement jusqu'à l'infidélité. Il peut s'agir d'une amitié, d'une complicité particulière avec un parent, d'une psychothérapie. Mais généralement, il s'agit d'une relation avec quelqu'un à qui vous faites la confidence de ce qui ne va pas dans votre couple, ce qui est déjà une espèce de trahison.

1. Ce n'était pas l'avis des Grecs anciens ni des Romains, mais pour les couples d'aujourd'hui, c'est devenu un idéal incontournable.

12. Assouvir son besoin de possession

Des expressions telles que le fameux « café du pauvre », qualifiant les rapports sexuels à une époque où le café était réservé aux nantis, soulignent que la possession de l'autre est la seule consolation de celui ou celle qui ne possède rien. C'est clairement le cas de Georges, personnage central du roman *Les Pas perdus*[1] : il rêve de posséder un bateau mais n'arrive même pas à boucler ses mois ; c'est pourquoi il passe ses soirées dans la salle des pas perdus de la gare Saint-Lazare, à draguer. Il vit une « histoire de cul » importante avec une femme mariée dont il transforme le prénom, Yolande, en « Yole[2] ». Il reste cependant très conscient, pendant toute la durée de cette relation, que cette femme appartient à son mari : « Elle n'était plus à son côté. Tout charme rompu, elle mettait le cap sur son autre vie, l'unique, la réelle, la solide. Elle se replaquait son visage de dame. » Ou encore : « Les femmes mariées ressemblent à la balle en caoutchouc de ce jeu de plage appelé "jokari" […]. Une raquette expédie la balle au diable […]. À bout de course, elle s'arrête et revient à son pavé de bois à toute allure, impérieusement entraînée par le raisonnable élastique. »

La possession physique, quelle que soit l'intensité des relations sexuelles, n'est jamais qu'incertaine et précaire. Peut-on vraiment penser que l'on « possède » l'autre dans le cas d'un échange sexuel ? C'est ce que laissent entendre certaines expressions courantes, par exemple quand on dit d'un homme qu'il « prend » sa partenaire, ou

1. Fallet R., *Les Pas perdus*, Denoël, 1954.
2. Embarcation légère propulsée soit à l'aviron, soit à la voile. Le mot « yole » vient du danois *jolle* ou du néerlandais *jol*, et il n'est pas exclu que René Fallet ait choisi pour son héroïne le prénom de Yolande en miroir de celui de son héros, surnommé « Jo ».

d'une femme qu'elle se « donne » à son amant, mais la seule possession qui vaille vraiment est celle du couple, dont il faut espérer, comme nous l'avons déjà précisé, qu'elle soit réciproque.

13. Se sentir immortel

Il s'agit en créant un couple d'assurer sa descendance et de s'offrir, à travers elle, une vie après la vie. On pourrait se dire que cet enjeu n'a pas besoin du couple pour s'accomplir, mais le fait de tresser sa filiation avec celle d'un conjoint reste la façon la plus simple de donner au lien amoureux une consistance plus proche de celle d'un lien de sang, et de lui assurer à lui aussi une forme d'immortalité. Je suis frappé du fait que, par la grâce de la rencontre amoureuse, quelqu'un que l'on ne connaissait pas – ou qui, en tout cas, n'occupait pas beaucoup de place dans notre vie – devient du jour au lendemain une personne centrale dans notre existence. Mais ce même quelqu'un, si l'on s'en sépare avant d'avoir eu un enfant avec lui, peut disparaître complètement de notre vie… Dans le cas des relations illégitimes, c'est encore plus frappant. Le statut de maîtresse présente un grand désavantage par rapport à celui de la conjointe qui est, en sus, la mère des enfants du couple.

Martine

« J'ai été sa maîtresse pendant plus de dix ans. Il disait partager avec moi le meilleur de lui-même et je pense qu'il disait la vérité. Le mois dernier, il est décédé d'un infarctus et je ne me suis pas senti le droit d'aller à son enterrement, de peur qu'un de ses enfants ne me demande qui j'étais… Pour eux, je n'existais pas. Il est mort, mais moi, à leurs yeux, c'était comme si je n'étais pas née… »

14. Se créer une culture familiale propre

On ne transmet jamais qu'une partie de la culture familiale dans laquelle on a grandi. Ne serait-ce que parce que le conjoint n'a pas la même. Plus fondamentalement, on s'inscrit en faux par rapport à certains fonctionnements de sa famille d'origine, à certaines de ses valeurs, etc. Le lien d'alliance permet de revenir sur les liens de filiation, de les infléchir dans un sens nouveau, de modifier le contenu de ce qui va se transmettre aux générations suivantes. Dans certains cas, on peut parler de refondation, car la part non transmise est largement supérieure à la part transmise.

Ce que je vais affirmer à présent pourra sembler particulier, mais y compris dans ce domaine je crois que l'infidélité peut jouer un rôle – en tout cas, il m'est arrivé de l'observer : même le « plan cul » le plus sexuel ou éphémère ne va pas sans la transmission de quelque chose. On sait, entre autres, que les secrets sont des vecteurs de transmission presque plus efficaces que la parole, car tout ce que l'on met en place pour les préserver agit sur autrui. Il peut s'agir, dans le cas de l'infidélité, d'une retenue nouvelle, de sujets que l'on évite, de colères inexplicables ou au contraire d'un flegme inattendu, autant de comportements qui, sans trahir le secret, en font passer quelque chose aux enfants. De façon moins ésotérique, il arrive également que les amants parlent, voire développent un vrai lien qui contribue à « mettre au travail » la culture du couple légitime ou de la famille nucléaire. Pour aller vers un cas extrême, on serait sans doute étonnés du nombre de situations où un « ami de la famille » a des relations sexuelles avec un des conjoints sans que personne ne se doute de rien. Le plus troublant étant quand tout le monde – ou presque – semble s'y retrouver.

15. Réparer ses blessures familiales

Il s'agit, pour le dire de manière simple, d'être meilleur que ses parents. L'enjeu peut sembler proche de celui du point précédent, sauf que l'on est passé d'un enjeu de différenciation à un enjeu de réparation. Dans le premier cas, il est question de ses enfants et de ce que l'on veut leur transmettre, alors qu'ici, il s'agit de ses parents et de ce qu'on leur reproche. Après quoi, il est clair que la frontière entre les deux est difficile à tracer, voire relativement théorique : une culture familiale propre a toujours aussi une fonction réparatrice des blessures familiales.

Mais ce qui m'intéresse le plus, autour du thème de l'infidélité, touche moins aux blessures passées qu'aux blessures présentes. Qu'est-ce qui « blesse » dans le couple ? Sur le versant passif : des attentes non rencontrées, des promesses non tenues, des blessures passées que l'on croyait pouvoir panser au présent, dont on espérait favoriser la cicatrisation et dont on éprouve au contraire l'impression que le conjoint « remue le couteau dans la plaie ». Sur le versant actif : tout couple, après la lune de miel, connaît des conflits (et l'on sait qu'une part importante de ces conflits est une répétition de scénarios d'enfance). Tant les vieilles blessures que les nouvelles devraient être traitées, dans le couple, par le dialogue, mais celui-ci représente la « porte étroite » : c'est le chemin le plus riche mais aussi le plus inconfortable, parfois le plus décourageant. Le chemin le plus facile étant de se convaincre que l'on est incompris, victime de son conjoint : « Mon amant, lui, me comprend », « Ma maîtresse, elle me désire… et je la fais jouir », « Mon amant me dévore des yeux », « Ma maîtresse me trouve formidable », etc.

Comment pourrait-il en être autrement, puisque être en couple implique par définition que l'on n'en est plus au stade de la séduction, de la rencontre ?

16. Développer son pouvoir de créer

Les projets que l'on conçoit et que l'on met en œuvre à deux sont extrêmement porteurs pour chacun des conjoints. C'est pourquoi il n'est pas rare qu'une rencontre amoureuse soit un moment d'intense créativité. Les exemples sont nombreux, des plus quotidiens aux plus ambitieux. Il est par exemple flagrant que beaucoup de gens font beaucoup plus d'efforts culinaires quand ils sont en couple que quand ils vivent seuls. De façon moins anodine, il arrive qu'un couple s'investisse dans un projet professionnel commun.

À mon sens, le thème de la créativité est lié à celui du conflit. « Le conflit est le père de toute chose, le roi de toute chose », dit le philosophe grec Héraclite. Pour le dire autrement, la possibilité de vivre les conflits est source de créativité : confronté à un problème donné, on a le choix entre le pousser sous le tapis ou lui trouver une solution imaginative. Or, plus le lien amoureux est fort, plus on est acculé à emprunter la seconde voie. L'infidélité, le plus souvent, est un essai d'y échapper. Parfois aussi, le lien le plus fort se développe en dehors du couple légitime, et c'est là que la créativité trouve à s'exprimer. On pourrait même, en se faisant l'avocat du diable, défendre l'idée que certains « trios » sont des montages créatifs en soi.

17. Retrouver l'intimité mère-enfant

L'intimité mère-enfant est toujours un peu le paradis perdu, même quand la relation à la mère était carencée. Dans le meilleur des cas, on souhaite retrouver cette intimité dans le couple, dans le pire, on y cherche une réparation tenant plus ou moins du bricolage, de l'artisanat ou de l'art. Toute la question étant à nouveau de savoir si l'on vit cette intimité dans son couple légitime ou en dehors. Un cas de figure intermédiaire étant celui où on l'a vécue au début, où on l'a reperdue (répétant ainsi ce que l'on a connu avec la mère) et où l'on cherche à la revivre hors couple. Après quoi, l'intimité peut également être mal vécue et nous conduire à vouloir les bénéfices du couple sans ses inconvénients, sans assumer l'engagement qu'il exige.

Une bonne illustration est la chanson de Georges Brassens *La Non-demande en mariage*, probablement autobiographique : « On leur ôte bien des attraits/En dévoilant trop les secrets/De Mélusine [...] De servante n'ai pas besoin/Et du ménage et de ses soins/Je te dispense.../Qu'en éternelle fiancée/À la dame de mes pensées/Toujours je pense ». Le fait que Brassens dispense la « dame de ses pensées » du ménage pourrait bien être l'arbre qui cache la forêt, à savoir que les innombrables dévoilements de l'intimité lui sont insupportables et nuisent à la qualité du lien – alors qu'ils pourraient y contribuer. On sait que, quand il se déplaçait avec sa compagne, il louait deux chambres d'hôtel, afin de ne pas être confronté à ses secrets de salle de bains...

Dans ce cas de figure, il peut y avoir un véritable clivage entre le couple légitime et la relation illégitime : le premier reproduit l'intimité mère-enfant et la seconde la fuit ; le premier rassure dans sa quotidienneté, la seconde dans sa magie sans cesse renouvelée ; etc.

18. Retrouver la fusion mère-enfant

La fusion est un partage plus intense encore que l'intimité. L'intimité suppose la mise en place d'un espace privé partagé avec le conjoint et séparé du monde extérieur par une frontière que d'autres peuvent franchir, mais à certaines conditions. C'est une vraie frontière sans être un rideau de fer. La fusion, en revanche, implique l'impression de « faire un » (« C'est ma moitié ») et suppose un rejet de ce qui est extérieur à cette unité – sans parler de ce qui semble la mettre en danger. Les gens fusionnels, du coup, n'ont généralement aucun problème avec l'intimité, car les aspects les plus déplaisants de celle-ci tendent à s'effacer devant la nécessité d'être collés l'un à l'autre. On dit, dans de tels cas, que l'on ne voit pas comment on pourrait glisser seulement entre eux une feuille de papier à cigarettes. *A fortiori*, il semblerait difficile d'y glisser une infidélité. D'un autre côté, on peut vouloir retrouver la fusion mère-enfant seulement par moments, par endroits ; bref, avoir un besoin de fusion très ciblé. Le récit qui suit a ceci d'intéressant qu'il met des mots sur le mécanisme de la fusion, d'ordinaire si difficile à décrire au monde dit « extérieur ».

Sandrine

« J'ai longtemps vécu dans deux mondes si bien séparés qu'ils ne se rencontraient jamais : d'une part, le sexe, salé, que j'associe dans ma tête à des lieux sales mais chaleureux ; d'autre part, l'amour, sucré, que j'associe à des lieux propres, voire aseptisés (je suis une maniaque du ménage) et sans doute un peu froids (mais je m'y sens bien). Pendant des années, je n'ai pu faire l'amour avec mon mari que dans des lieux un peu improbables, quand un déclic me faisait basculer dans le "salé". Et je dois reconnaître que j'ai eu des amants, toujours des *one shot*, des relations brèves et intenses et sans rien de "sucré". Les choses se sont arrangées quand je suis devenue maman, car mes enfants ne cessent de mettre ma maniaquerie en échec, et m'obligent ainsi à franchir la frontière entre les deux mondes. Je finis, grâce à eux, par faire mon deuil du "sucré". Du coup, je fais l'amour avec mon mari plus facilement, et je n'ai plus besoin d'amants. »

On voit bien, ici, qu'il s'agit d'un problème de fusion davantage que d'un problème d'intimité. Plus précisément, d'un clivage entre le fusionnel et l'intime, entre le « salé », univers mental où le contour des choses se brouille, et le « sucré » dont cette femme, jamais en panne de métaphores, disait également qu'elle y dessinait les « lignes claires » de sa vie par un « glaçage » de sucre : il ne s'agissait pas seulement de douceur mais aussi – et peut-être surtout, pour elle – de politesse. Son intimité conjugale, aussi paradoxal que cela puisse paraître, présentait, avant la naissance de ses enfants, une dimension très formelle. Autre signe de clivage : elle n'avait pas à proprement parler eu d'intimité avec ses amants, et à la même époque, ses moments de fusion avec son mari avaient lieu en dehors de leur intimité.

Évaluer vos besoins amoureux et leur satisfaction

À chaque fois que cela vous est possible, inscrivez dans la case une cote entre 1 et 5, selon une gradation entre « pas du tout » et « tout à fait ».

Cet exercice vous invite à réfléchir aux écarts qui se dégagent, par exemple, entre besoins forts peu satisfaits et besoins faibles qui le sont, entre satisfaction *par* le conjoint et satisfaction *du* conjoint, entre besoins satisfaits par vous et par « l'Autre » (le cas échéant), etc.

Il n'est pas exclu que vous ayez une révélation, et ce, même si vous n'êtes pas concerné par le thème de l'infidélité.

	Est-ce l'un de vos besoins ?	**Est-il satisfait par votre conjoint ?**	**Est-ce un besoin de votre conjoint ?**	**Est-il satisfait par vous-même ?**	**Est-il satisfait par « l'Autre » ?**
Ne pas rester seul					
Régler son œdipe					
Prendre la place de ses parents					
Affirmer Son Identité					
Être gratifié affectivement					

	Est-ce l'un de vos besoins ?	Est-il satisfait par votre conjoint ?	Est-ce un besoin de votre conjoint ?	Est-il satisfait par vous-même ?	Est-il satisfait par « l'Autre » ?
Avoir du plaisir sexuel de façon stable					
Alléger sa culpabilité œdipienne					
Pouvoir exprimer son agressivité					
Prendre son indépendance					
S'autoriser à régresser					
Créer des alliances					
Assouvir son besoin de possession					
Se sentir immortel					
Se créer une culture familiale propre					

	Est-ce l'un de vos besoins ?	Est-il satisfait par votre conjoint ?	Est-ce un besoin de votre conjoint ?	Est-il satisfait par vous-même ?	Est-il satisfait par « l'Autre » ?
Réparer ses blessures familiales					
Développer son pouvoir de créer					
Retrouver l'intimité mère-enfant					
Retrouver la fusion mère-enfant					

Chapitre 5

Quelles raisons avons-nous de tromper notre conjoint ?

Il semble impossible de réparer quoi que ce soit avant d'avoir compris ce qui s'est passé, quelles ont été les causes du drame. Or, si les motifs d'une infidélité sautent rarement aux yeux de la personne trompée, il ne faudrait pas croire que la personne infidèle est forcément mieux renseignée. Et même, quand elle est tout à fait consciente de ses motifs, elle hésite souvent à les avouer, car elle ignore comment ils seront pris : cela va-t-il relancer la dynamique du couple ou provoquer une catastrophe supplémentaire ? *A priori*, il faut en prendre le risque, car continuer le couple sur un faux-semblant est condamné à l'échec. Néanmoins, c'est plus facile à dire qu'à faire. D'autant qu'éviter le faux-semblant, j'y reviendrai, ne consiste pas forcément à tout dire : non seulement, tout n'est pas utile, mais surtout, certaines parties de ce « tout » pourraient s'avérer toxiques si elles étaient portées à la connaissance du conjoint trompé.

Le besoin de plaire

J'ai entendu un grand nombre d'histoires qui m'ont convaincu que beaucoup de liens amoureux commencent sur un malentendu : on croit l'autre intéressé par une relation, on croit qu'on lui plaît, et cette croyance mobilise ce qui n'était, jusque-là, qu'une ébauche de désir.

C'est un lieu commun de dire que l'on cesse de se préoccuper de séduire l'autre quand on est trop sûr du lien. Certains recommandent même de tenir le conjoint dans ce minimum d'insécurité qui serait supposé entretenir le désir : « Fuis-moi je te suis, suis-moi je te fuis ». En ce qui me concerne, j'appelle cela un « jeu de con ». Ce n'est pas le désir que l'on entretient dans un tel cas, mais une forme de peur. À mon sens, la séduction est surtout faite de promesses, et l'engagement dans le couple ne suppose pas que l'on prolonge la séduction à l'infini comme dans *Le Zèbre* d'Alexandre Jardin. Il s'agit plutôt d'avoir à cœur de tenir ses promesses : il n'est plus question de « séduction » mais de « fidélité » au sens large ; il ne s'agit plus de plaire à son conjoint, ni d'avoir l'impression de lui plaire, mais d'investir son désir dans le lien amoureux plutôt que dans des relations plus superficielles, en espérant que l'autre en fasse autant.

Il ne faudrait pas entendre dans ce propos une quelconque moralisation : il n'y a rien de péjoratif à ce qu'une relation soit superficielle. Et il est normal que l'on veuille plaire et vérifier que l'on plaît encore. Mais cela ne suffit pas à expliquer l'infidélité quand elle a lieu. En effet, à ce compte, chaque fois que nous pensons plaire à quelqu'un, nous pourrions être tentés de vérifier que c'est vrai, et la seule raison que nous ayons de ne pas le faire, s'il nous plaît autant que nous pensons lui plaire, est d'avoir promis l'exclusivité sexuelle en faisant couple.

Carmen et Pietro

Ils sont venus me consulter à cause des scènes qu'elle lui faisait suite à des soirées pendant lesquelles il se serait montré ambigu avec d'autres femmes. Pietro, un artiste-peintre qui vivait de son art, a commencé par m'expliquer qu'il avait toujours été très tactile, que c'était « culturel » et qu'il n'avait pas envie de changer parce qu'il considérait que c'était une qualité, surtout en Belgique où tout le monde, estimait-il, était « tellement coincé dans son corps ». Carmen, qui considérait être elle aussi très tactile, s'est alors mise à mimer les gestes qu'elle reprochait à Pietro, pour me montrer qu'elle n'exagérait pas. Il n'était pas du tout d'accord, car ses gestes, affirmait-il, n'allaient jamais aussi loin.

N'ayant aucun moyen de les départager, je leur ai demandé de me raconter de façon détaillée quelques moments de crise, et je me suis rendu compte que les femmes en question avaient toujours le même profil, plutôt narcissique et séducteur. J'ai donc fait l'hypothèse que ce profil pouvait éveiller quelque chose chez Carmen et/ou chez Pietro, en rapport avec leur passé familial et/ou amoureux. Chez Carmen, assez simplement, il pouvait s'agir du fait que le comportement tactile de Pietro semblait répondre aux « avances » de ces femmes. Elle a confirmé que cela avait un sens dans son histoire familiale, du fait que sa sœur avait un profil narcissique et obtenait toujours plus que les autres. Du côté de Pietro, il est ressorti que l'on pouvait également repérer un personnage narcissique dans sa famille, à savoir sa mère. Il a fini par admettre qu'il était possible qu'il se comporte un peu différemment avec des femmes narcissiques comme l'était sa mère. Au total, Carmen a fait remarquer que ces femmes se comportaient comme si elles ignoraient que Pietro était en couple. Deux solutions se sont profilées : soit Carmen marquait sa « propriété » sur Pietro, par exemple en allant se coller à lui, soit c'était Pietro qui faisait exister le couple. Une troisième possibilité était de faire les deux de concert. Lors d'une séance ultérieure, ils me racontèrent qu'ils l'avaient mise en pratique et en avaient tous deux tiré une grande satisfaction.

J'ai choisi volontairement un exemple où il n'y a pas eu d'infidélité au sens classique du terme, à la fois pour poursuivre l'idée que la limite est relative, car fixée par « contrat », et pour souligner que le besoin de plaire ne peut, à lui seul, expliquer le passage à l'acte : il faut, au minimum, que la personne infidèle s'autorise, pour une raison ou une autre, à franchir la limite. En l'occurrence, il ne serait pas venu à l'idée de Pietro de « tromper » Carmen, et celle-ci n'en avait jamais douté. L'un des arguments de Pietro pendant la première consultation était d'ailleurs qu'il ne faisait jamais rien dans le dos de Carmen. « Tu n'as pas intérêt », avait-elle rétorqué.

« Comment dire "Non" à toutes ces tentations[1] ? »

On a montré que le taux d'infidélité est corrélé au désir sexuel, lui-même dépendant du taux de testostérone[2]. Vrai ou faux ; en tout cas, ce n'est pas la même chose d'aller vers l'aventure pour plaire ou de céder à une tentation. Entre autres, qui dit « tentation » dit « tentateur » (Don Juan) ou « tentatrice » (Lilith), et sous-entend que l'auteur de l'infidélité n'en est pas très coupable. Que le

1. Refrain de *Tentations*, une chanson de Jo Lemaire (1984). Le refrain complet est : « La vertu a ses raisons/Oui mais comment dire "Non"/À toutes ces tentations ».
2. Regan P. & Berscheid E., *The Psychology of Interpersonal Relationships*, Pearson, 2004.

machiavélisme de « l'Autre » l'a détourné du droit chemin. Interpréter les faits de cette façon, en prenant « l'Autre » pour bouc émissaire de ce qui reste fondamentalement une crise du couple, est également une tentation, à laquelle il faut essayer de ne pas céder ! Pour exprimer cette figure de l'infidélité, il m'a semblé intéressant de citer un roman de Ludwig Lewisohn, *Crime passionnel*[1].

Dans ce livre, Paul va être jugé pour le meurtre de l'amant de sa femme Janet. Ses avocats, Stephan et David, essaient de comprendre comment cet homme raffiné, considéré comme l'un des fleurons de la renaissance de la poésie en Amérique, a pu en arriver là. Paul voyait Janet comme la source de son équilibre, donc de son inspiration. Il la considérait donc comme son égale, mais Stephen et David trouvent qu'il l'idéalisait. Paul reconnaît cette idéalisation, mais estime que Janet devait se hausser à la hauteur de cet idéal qui, somme toute, était partagé. Il parle de « devoir » et voit le fait qu'elle n'ait pas cherché à remplir ce devoir comme « un péché contre l'esprit sain de l'humanité ». Janet éprouvait le désir de faire aussi bien en peinture que lui en poésie, mais elle n'en avait pas le talent. Plus précisément, il est dit à plusieurs reprises dans le roman que la cause de son échec était un manque récurrent d'humilité. Jasper, illustrateur qui collaborait parfois avec Paul, l'a flattée afin qu'elle couche avec lui. Si Jasper avait aimé Janet, Paul aurait laissé celle-ci partir, mais Jasper n'avait aucun désir de couple et même il manifestait, par les précautions qu'il prenait et imposait à sa maîtresse, qu'il désirait qu'elle restât en couple avec Paul.

1. Lewisohn L., *Crime passionnel*, Phébus, 1930 (trad. 1997) p. 305.

Janet manquait de force morale à la fois pour accomplir quelque chose et rester fidèle à son mari, davantage qu'elle ne cherchait à plaire. Elle n'a cédé qu'à une tentation, mais il est évident qu'elle aurait cédé à d'autres par la suite. Ce n'est cependant pas pour cette raison que Paul a tué son amant : « Jasper Harris m'avait pris ma femme et l'avait transformée en putain. Je ne cherche pas à la disculper, loin de là ; mais il a profité de sa folie et de sa faiblesse, bien qu'il ait su combien je l'aimais et ce qu'elle représentait pour moi, cela dans le seul but de ne pas avoir à débourser pour acheter le genre d'amour que recherchent les types de son espèce[1]. »

S'évader de la parentalité

Pour Alain Badiou, le « presque rien » de la rencontre amoureuse apprend à celui qui la vit « qu'on peut expérimenter le monde à partir de la différence et non pas seulement l'identité. Et on peut même accepter des épreuves, on peut accepter de souffrir pour cela[2] ». Ce qui caractériserait le couple et en ferait la richesse, mais aussi la difficulté, serait la possibilité d'expérimenter le « Deux ». Il est très précis : il ne s'agirait pas seulement de composer avec la différence de l'autre (ce qui, somme toute, est le lot de n'importe quel lien), mais de construire les relations sur cette différence. Le lien filial, en revanche, aux antipodes du lien amoureux, serait une expérience du « Un ». Même quand l'enfant grandit et affirme de plus en plus sa différence, il reste le fruit du désir de ses parents, et toute sa vie il aura à se distancier du « Un » dans lequel il est né. La complexité

1. Lewisohn L., *op. cit.*, (trad. 1997) p. 329.
2. Badiou A., *Éloge de l'amour*, *op. cit.*, p. 26.

atteint son comble quand la logique du « Un » est à l'œuvre aussi bien en amont qu'en aval, avec les ascendants autant qu'avec les descendants.

Maryline

« Grosse dispute : Gabriel, mon mari, me reproche de le faire toujours passer en dernier. Après mes parents, mes frères et sœurs, mes amis, mon travail, nos enfants. Il parle de "la ribambelle de gens" auxquels, d'après lui, je ne sais pas dire "Non". En fait, il aligne les reproches. Je lui réponds qu'il aurait pu m'en parler plus tôt. Il paraît qu'il l'a fait mais que je ne l'écoutais pas. Je trouve que ce n'était pas une raison pour me tromper. Mais je reconnais que je suis ébranlée. Est-il possible que j'aie oublié qu'il a essayé de me parler ? Je ne sais pas, je ne sais plus. Ma mère, je ne sais pas, mais mes enfants, c'est vrai que je leur donne toujours la priorité. »

Ici, le « Un » se manifeste de façon assez directe comme une priorité qui devrait être donnée au couple et qui ne l'est pas. En revanche, on pourrait se demander si Gabriel est allé chercher, dans l'infidélité, le « Deux » qui manquait dans son couple, ou du « Un » venant contrebalancer les liens dans lesquels sa compagne s'englue. Quoi qu'il en soit, la naissance du premier enfant – et même des suivants – est toujours un moment de crise pour le couple, et la nature profonde de cette crise se situerait dans la séduction du « Un ». La question qui se pose alors n'est pas seulement de savoir si le lien d'alliance survivra aux liens de filiation, mais aussi s'il le fera en tant que « Deux » ou s'il se transformera en « Un » autour de l'enfant…

On aurait tendance à croire que celui des deux conjoints qui est éjecté du « Un » formé par l'autre avec l'enfant est plus souvent le père. C'est oublier que les « nouveaux pères » sont aussi impliqués dans un certain maternage que les mères – et parfois plus. On observe de nombreuses situations où père, mère et enfant communient dans un même « Un », et c'est très bien. Le vrai problème apparaît quand cesse d'exister le « Deux ». La suite est d'une logique implacable : le risque est grand qu'un des conjoints recrée ce « Deux » ailleurs... Dans l'histoire qui suit, on voit clairement de quel côté la balance penche et les tensions que cela génère.

Natacha et Gérard

Ils sortaient tous les deux d'un couple dans lequel ils s'étaient sentis complètement dominés, voire maltraités. Ils étaient l'un comme l'autre bien décidés, dorénavant, à éviter comme la peste toute soumission. Au départ, cela se passait très bien entre eux, chacun se sentant très respecté dans son besoin. Cela a dégénéré quand ils ont commencé à vivre ensemble. Natacha avait en garde principale son fils de cinq ans, et Gérard sa fille, d'un an plus jeune, en garde alternée... Les enfants s'entendaient à merveille, trop bien peut-être, car ils s'y entendaient pour monter Natacha et Gérard l'un contre l'autre. À l'analyse, il était frappant que chacun, faute de se soumettre à son conjoint, était au service de son enfant. Par exemple, quand Gérard essayait de faire une remarque à son beau-fils, il se faisait systématiquement « bouffer le nez » par Natacha – qui, de son côté, se sentait complètement exclue de la complicité manifeste unissant Gérard et sa fille. Ils diraient, après quelques séances, qu'ils avaient le sentiment que chacun était « en couple avec son enfant ».

Se joue, ici, le complexe d'Œdipe : quelque chose doit venir trancher dans la fusion entre la mère et le fils ainsi qu'entre le père et la fille, et ce « quelque chose », idéalement, devrait être le couple. Après quelques séances, Natacha a pu formuler explicitement qu'elle vivait les relations de Gérard avec sa fille comme une « infidélité ». Gérard ne fut pas long à lui répondre qu'elle le « trompait » en prenant parti pour son fils.

Leur histoire est d'autant plus exemplaire qu'ils ont tous deux été parents avant de fonder leur couple. Natacha ne faisait jamais, avec Gérard, que prolonger un comportement qu'elle avait déjà eu dans son couple précédent. Pour Gérard, en revanche, les problèmes se sont posés un peu différemment : il avait le sentiment que son ex-femme se servait de leur fille pour continuer à lui faire la guerre, et se sentait coupable d'avoir « imposé cela » à la petite en trompant sa mère avec Natacha. Leurs raisons divergeaient, mais le résultat était le même. Ils étaient tous deux très conscients du problème, ayant de « bonnes lectures » (dans le cas de Gérard, ces dernières ne lui servaient qu'à se sentir encore un peu plus coupable, plus « mauvais père »). Ils auraient volontiers, par principe, fait passer leur couple avant leur enfant respectif, et d'ailleurs ils essayaient, mais quelque chose qu'ils n'arrivaient pas à définir faisait obstacle. Devine-t-on lequel des deux a trompé l'autre ? Il s'agit de Gérard, à cause d'un facteur supplémentaire qu'il identifia comme la peur d'être en train de reproduire, avec Natacha, la même aliénation que dans son couple précédent.

L'infidélité comme test

Au Moyen Âge, quand on soupçonnait quelqu'un d'un crime sans pouvoir le prouver, on le soumettait à l'ordalie, une épreuve dont l'issue était considérée comme un jugement de Dieu. Cette issue était une sanction en soi, puisque l'on en sortait soit innocenté, soit mort.

On peut croire que l'on tient à son couple, voire s'y sentir plutôt heureux, et prendre toutes les précautions possibles pour que son infidélité reste secrète : cela reste néanmoins un comportement à risque. Même si ce n'était pas prémédité, si c'était un « coup d'un soir », il faut reconnaître qu'il y a des gens auxquels cela n'arriverait pas. On peut donc affirmer que nulle infidélité n'est totalement dénuée d'une dimension ordalique. Faute de se sentir capable d'aborder les problèmes, d'être celui ou celle qui dit le conflit, on s'en remet au « jugement de Dieu ». Que l'on parle de Dieu, du Destin ou du Hasard, il s'agit de toute façon d'esquiver une responsabilité : soit l'autre ne se rend compte de rien et c'est le « signe » que l'on peut continuer « comme ça », soit il découvre l'infidélité et le conflit s'invite tout seul.

Diane

Un des aspects de l'histoire de Diane racontée au chapitre 3, c'est qu'elle avait eu une adolescence trop sage et, surtout, trop protégée. Il avait fallu son départ du domicile de ses parents, qu'elle continuait à désigner comme « la maison », pour découvrir certaines réalités, par exemple la pornographie, qu'elle regardait sur Internet en cachette de Robert, avec un mélange de dégoût et de fascination. Elle n'avait pas fait de crise d'adolescence et, au fil des années, le conflit qu'elle n'avait jamais vécu avec son père s'était déplacé vers son mari. Quand celui-ci essayait de lui imposer un point de vue, elle lui répondait invariablement : « Oui, papa », et s'empressait de faire le contraire. Il s'agissait pourtant d'enjeux très étrangers au lien filial, tels que le budget ménager ou l'organisation des activités des enfants. À tort ou à raison, elle se sentait enfermée dans un rôle dont elle n'arrivait pas à se débarrasser. Certains de leurs échanges étaient, à cet égard, très significatifs : « Je suis passée de fille de mon père à fille de mon mari », disait-elle. « Si tu veux être traitée en adulte, comporte-toi en adulte », répondait-il.

Que la messagerie de Diane soit restée ouverte, permettant à Robert de découvrir ses échanges avec son amant, pouvait s'interpréter comme un acte manqué, c'est-à-dire dicté par l'inconscient de Diane. Mais c'était surtout, me semble-t-il, une ordalie adolescente. En confrontant Robert à une image « pornographique » d'elle-même, elle semblait vouloir lui signifier qu'elle n'était plus une petite fille et qu'il avait eu grand tort de ne pas le voir. Sa totale absence de remords était à cet égard des plus significatives. Robert aurait bien aimé qu'elle lui demande ce qu'elle avait demandé à son amant et change d'identité avec lui, voire *pour* lui. Mais là, quelque chose était cassé. Il tint le coup quelques mois pour les enfants, mais un jour où elle le provoquait de façon trop éhontée, il lui donna une gifle. Elle en fut soulagée, lui, mortifié. Il décida de la quitter.

Cet exemple montre bien le danger de l'ordalie : si le « jugement de Dieu » est négatif, il administre la punition en même temps que la preuve. Diane l'a payé de son couple, auquel pourtant elle tenait beaucoup.

« La vengeance est un plat qui se mange froid »

L'infidélité peut avoir un parfum de vengeance, mais c'est un acte qui apporte rarement la sérénité, comme l'illustre ce récit :

Manon

« Quand nous avons compris que nos conjoints respectifs couchaient ensemble, nous avons décidé d'en faire autant. Il faut reconnaître que nous en avions envie depuis longtemps et que nous ne nous étions retenus que par sens du devoir. Est-ce parce que ce dernier restait le plus fort que je me suis sentie coupable ? En tout cas, quand il m'a proposé d'essayer de reconstruire quelque chose ensemble, de faire couple, j'ai ressenti un gros malaise. Je pense que j'aurais dû quitter Maxime et lui Sarah, que nous aurions dû vivre une vraie coupure, un moment de célibat, éviter de mélanger les histoires. »

Cette patiente avait beaucoup de mal à mettre le doigt sur les causes de son malaise. En fait, autant il est fréquent que l'infidélité soit une forme de vengeance, autant il est rare que ce soit conscient et, dans son cas, il a fallu que j'en fasse l'hypothèse pour qu'elle l'examine et finisse par la valider. Oui, cela faisait sens de voir son infidélité comme une vengeance et oui, cela pouvait expliquer son sentiment de culpabilité. Voici un autre témoignage qui va dans le même sens.

Fabienne

« Je sais que c'est injuste, mais j'en veux à mon mari parce qu'il a eu l'occasion de faire des études et moi pas. J'ai l'impression qu'il me prend de haut parce qu'il connaît plus de choses et gagne plus d'argent. Je lui en veux aussi parce qu'il fait des comptes d'apothicaire. Je devrais être contente que nous intervenions dans le ménage à proportion de nos revenus respectifs, mais d'un autre côté cela me laisse peu d'argent pour moi seule, et le fait que nous ayons des comptes séparés me donne l'impression qu'il n'a pas confiance en moi. Je ne suis pourtant pas quelqu'un de dépensier. Quand Bertrand m'a demandé de devenir sa maîtresse, je ne sais pas ce qui m'a pris, peut-être le fait de m'être disputée avec mon mari ce jour-là et d'avoir bu un peu plus que d'habitude : j'ai accepté, à condition que cela se passe dans des hôtels luxueux. Il faut dire que Bertrand gagne sa vie encore mieux que mon mari. »

Ce récit se différencie du précédent sur deux points. Premièrement, ma patiente ne se venge pas d'une infidélité au sens strict, mais de comportements de son mari qu'elle interprète comme des signes qu'il la prend de haut. Elle le trouve « déloyal » et peut-être l'est-il à certains égards ; il m'est difficile d'en juger. Elle s'accuse aussi d'être injuste. En réalité, il n'est pas exclu que cette dimension de jalousie envers l'autre soit présente dans tous les couples ! Certains psychanalystes le pensent[1]. Nous avons tous des blessures en attente de réparation, des rancunes voire des rancœurs qui ne trouvent pas de cible, et le conjoint est forcément un bouc émissaire tout trouvé. J'ai été amené à formuler que le bouc émissaire est « le plus à l'extérieur de ceux qui sont à l'intérieur[2] ». Or, il ne peut y avoir plus « à l'intérieur » que le conjoint, qui est la personne que l'on voit le plus souvent et avec qui l'on partage la plus grande intimité, ni, dans un autre sens, plus « à l'extérieur » : avec quelqu'un que l'on voit une fois de temps en temps, on peut soutenir l'illusion d'être « les mêmes », tandis que la vie de couple ne cesse de nous remettre le nez sur les différences nous opposant à l'autre.

Deuxièmement, il apparaît clairement, dans le récit de Fabienne, que son infidélité n'était pas préméditée : on peut ne pas chercher l'aventure mais s'y sentir autorisé. C'est là une variante de la loi du talion. « Œil pour œil, dent pour dent », affirme cette loi : « Le meurtre est interdit, mais si tu as transgressé cet interdit, j'ai le droit de te tuer, ce serait une juste punition de ton crime. » On pourrait,

1. Par exemple Nicolò A.-M., « Soigner à l'intérieur de l'autre », in *Cahiers critiques de thérapie familiale et de pratiques de réseaux* n° 12, 1990, p. 29-51.
2. Maes J.-C., *Emprise et manipulation. Peut-on guérir des sectes ?*, De Boeck, 2010, p. 87.

on devrait même sans doute préciser : « Je ne suis pas obligé de te tuer, mais j'en ai le droit. » Ma patiente n'a jamais conçu le projet de tromper son mari, mais elle s'en donnait le droit, ce qui fait que, quand l'occasion s'est présentée, elle s'en est saisie.

« Ma vraie vie est ailleurs »

Par rapport à ce que j'entendais aux débuts de ma carrière, je suis frappé du clivage qui s'installe de plus en plus entre :

- d'une part, les « romantiques », qui semblent croire que tout, dans un couple, doit se passer de façon « naturelle » (faute de quoi, ce couple n'aurait pas de valeur) ;
- d'autre part, les « sceptiques », qui choisissent de construire leur couple sur une base devant le moins possible à la passion.

Pour les « romantiques », l'infidélité est possible, peut-être même fréquente, mais elle prend une forme particulière, consistant à considérer la relation illégitime comme le « vrai » couple. Le couple légitime sera alors vécu comme une prison, parfois de façon réaliste[1], souvent de façon injuste : comment les choses pourraient-elles se passer de façon « naturelle » dans un couple de longue durée, ayant eu à gérer des crises et partageant un quotidien – c'est-à-dire un vécu qui ne peut tenir la route sans un minimum d'organisation, d'autodiscipline et de routines ?

L'épreuve du quotidien, en contraste avec la fraîcheur de la rencontre, se perçoit assez bien dans l'histoire de ce couple peu typique.

1. Maes J.-C., *D'amour en esclavage. Ces relations qui font du mal*, *op. cit.*

Ursula et Ingrid

Ursula a toujours su qu'elle « préférait les filles aux garçons ». Ingrid, en revanche, malgré quelques tentations homosexuelles, a eu beaucoup de relations amoureuses avec des hommes, parfois de longue durée, mais toujours sans engagement. C'est pourtant elle qui est allée vers Ursula, dans un moment où elle s'interrogeait sur cette difficulté. Ursula n'était pas très enthousiaste, s'étant juré par le passé qu'elle ne ferait plus jamais couple avec une « hétéro ». Mais Ingrid a su la conquérir, et leur rencontre sexuelle a été une « vraie découverte » pour toutes les deux : Ingrid découvrait qu'une femme devinait mieux le corps d'une autre femme, et Ursula, pour qui ce n'était pas une surprise mais un credo, découvrait chez Ingrid un abandon qu'aucune de ses relations précédentes n'avait jamais eu avec elle. Ingrid se sentait amoureuse d'Ursula comme elle n'avait jamais réussi à l'être d'un homme, comme elle ne l'imaginait même pas possible. Très rapidement, elle est venue vivre chez son amante et, dans la foulée, lui a demandé sa main ! Là aussi, Ursula hésitait, mais l'envie était trop forte et elle a rendu les armes...

Au début, la vie quotidienne prolongeait l'éblouissement de la rencontre, mais peu à peu, des problèmes ont commencé à se poser. Entre autres, Ursula avait toujours beaucoup fréquenté le « milieu » homosexuel, qui était complètement inconnu à Ingrid – et qui, à dire vrai, ne devait jamais cesser de la mettre mal à l'aise. Par ailleurs, Ingrid n'avait jamais vécu de vie commune en dehors de sa famille d'origine – et encore, le souvenir en devenait lointain. Vivre avec Ursula a été un choc. Et il n'est pas exclu que ce choc ait été d'autant plus violent que l'intimité d'une autre femme était moins « exotique » que ne l'aurait été celle d'un homme, qu'elle lui ait renvoyé une image trop proche d'elle-même, pas assez différente pour qu'elle arrive à la mettre à distance. Peu à peu, le conte de fées a dégénéré, avec pour conséquence inattendue qu'Ingrid s'est mise à revendiquer d'avoir à nouveau des relations avec des hommes. Ursula voyait là son pire cauchemar devenir réalité, si bien que son refus a été des plus nets, provoquant une nouvelle dispute un peu plus grave que les précédentes. Ingrid a commencé à avoir des amants en cachette, mais elle les cachait particulièrement mal. Quand Ursula s'en est rendu compte, ç'a été le drame. Mais elle était très amoureuse. Et Ingrid disait l'être tout autant, même si elle ne pensait pas pouvoir se passer des hommes.

Nous sommes, ici, dans un cas extrême : dans un sens, la « vraie vie » d'Ingrid était avec Ursula, mais dans un autre, elle était avec « les hommes ». On remarquera le pluriel : même avant de connaître Ursula, Ingrid ne s'était jamais fixée sur un homme en particulier. À bien des égards, elle avait investi tout son romantisme dans son union homosexuelle, mais le quotidien menaçait ce « couple rêvé », comme allait le qualifier Ursula. Ingrid a expliqué que le côté « plus cru » de ses relations avec les hommes relançait le romantisme de ses relations avec Ursula. Elle lui a proposé de reprendre un appartement seule : « Plus de quotidien, plus de problème. » Mais Ursula lui a posé un ultimatum : « Si tu t'en vas, nous divorçons. » Elle, non seulement l'intimité ne lui posait pas problème, mais elle en avait besoin. Elle n'était ni « sceptique », ni « romantique », simplement amoureuse, tout en gardant assez de dignité pour ne pas accepter de son épouse ce qui ne pouvait, de son point de vue, que tuer l'amour à petit feu.

Le besoin de romantisme et de « naturel »

Je ne voudrais pas que l'on sorte de cette vignette clinique avec la tentation de « jeter le bébé avec l'eau du bain » : on peut dénoncer les dérives du romantisme, ses excès, mais quand même se demander ce que l'idéal romantique apporte aux couples d'aujourd'hui. Force est de constater qu'il continue à faire recette dans le show-business et le cinéma, et qu'un grand nombre d'entre nous restent attachés au rêve de se lier à quelqu'un par amour – un amour qui semble fade s'il est le fruit d'une construction, et dont la valeur, à nos yeux, est proportionnelle à son irrationalité.

Telle apparaît souvent l'infidélité : une belle aventure que l'on vit contre toute raison, que l'on aurait dû se refuser mais que l'on a décidé de se permettre, mettant en danger tout ce à quoi l'on tenait – voire ce à quoi l'on croyait – sur un coup de tête. Tel apparaissait le couple au moment de sa fondation : une étincelle dont on a voulu tirer un feu de joie, quitte à s'y consumer. En l'occurrence, on pourrait croire qu'il n'en reste qu'un chauffage central et que c'est trop banal, trop quotidien pour nous retenir. Philippe Caillé estime que les couples reçus en thérapie nous amènent des histoires d'amour qui se sont transformées en tragédies, et que notre travail consiste à contribuer à ce que ces tragédies redeviennent des histoires d'amour[1]... J'ajoute que je soupçonne la plupart de nos patients de préférer inconsciemment la tragédie à la fadeur : mieux vaut souffrir d'amour que de ne plus aimer. Le côté « naturel » de la rencontre contribue certainement à nouer le lien amoureux, donc, vive le romantisme ! Et si ce n'est qu'une illusion, vive l'illusion ! Mais est-on obligés d'en rester là ?

De façon un peu plus théorique, je relèverai que l'on peut opposer « naturel » et « artificiel », mais aussi « naturel » et « culturel » : cela

1. Caillé P. et Rey Y., *Il était une fois...*, ESF, 1988, p. 12.

ne sonne pas du tout de la même façon. Dans le premier cas, on pense à la respiration artificielle, voire à la vie artificielle, et de façon plus générale aux artifices, c'est-à-dire aux faux-semblants. Alors que, dans le second cas, on pourrait se souvenir que la culture fait partie de la nature humaine. Les outils, par exemple, sont moins contraires à la nature humaine qu'ils ne la prolongent, comme d'ailleurs ils prolongent le corps.

Dans le cas de l'infidélité, savoir ce que faisait et ce qu'était « l'Autre », ce qu'il ou elle apportait à notre conjoint, ne doit pas nous inciter à devenir « l'Autre », mais à explorer nos possibles. Ce que faisait et ce qu'était « l'Autre » nous est-il aussi étranger que le pensait notre conjoint ? N'aurait-il pas dû nous faire davantage confiance et nous croire capable de développer des qualités jusque-là « en friche » ? La culture, qui ne se confond pas avec le savoir ou l'érudition, est précisément cette capacité que possède tout humain à faire jaillir de nouvelles nourritures d'un jardin qui, laissé à l'abandon, serait envahi par les ronces et les chardons.

Par ailleurs, et paradoxe à part, il est possible d'organiser le « naturel », ce qui pourra consister à en créer les conditions. Pour les couples qui survivent à l'infidélité, il y a lieu de se demander ce que cette dernière apportait, et essayer de préserver cet apport. Ce n'est pas parce que l'infidélité est illégitime que les attentes auxquelles elle donnait, pour la personne infidèle, un début de réponse, devraient l'être. Ce qui est fort dommage, c'est que ces attentes n'aient pas été mises sur le tapis plus tôt. Dans le récit qui suit, il est question d'un problème plus que concret.

Jeanne

« Mon compagnon a un problème d'éjaculation précoce. J'ai toujours prétendu que cela n'avait pas d'importance. Mais depuis que nous vivons ensemble, j'ai eu plusieurs amants qui n'avaient pas ce problème et, ici, je peux reconnaître que cela compte. Néanmoins, je ne suis pas contente de moi. Heureusement, mon compagnon ne s'est rendu compte de rien, mais je ne peux pas continuer comme cela, d'autant plus que nous avons le projet de faire un enfant. Il faut que je lui dise d'aller consulter un sexologue, mais je n'ose pas. Il veut me donner du plaisir autrement, mais cela me met trop mal à l'aise pour que j'accepte. Pourtant, je l'aime. »

Souvent, la victime de l'infidélité « cuisine » son conjoint pour avoir tous les détails et, tout aussi souvent, ledit conjoint essaie de se dérober à ce déluge de questions – qui peut prendre une dimension harcelante. On ne peut soupçonner les personnes trompées d'être majoritairement masochistes. Il faut donc croire que leur « obsession » repose sur une nécessité structurelle du couple : le « Deux » – ou, si l'on préfère le formuler ainsi, le conflit – doit retrouver sa place.

Le seul bémol que l'on puisse mettre à cette nécessité est le risque, jamais absent, que le conflit devienne guerre[1]. L'un des conjoints glisse d'un simple désaccord – ou, au pire, d'un combat à l'issue incertaine – à un clivage, impliquant qu'il a la conviction d'avoir raison. Dès lors, il cesse d'argumenter sa position, pour essayer de

1. J'insiste sur cette différence dans *Liens qui lient, liens qui tuent. L'emprise et ses dérives*, Liber, 2014, p. 63-109. En deux mots, le conflit reste une relation fondamentalement égalitaire, alors que celui qui fait la guerre s'estime moralement supérieur à son ennemi.

soumettre l'adversaire devenu ennemi. À ce compte, « cuisiner » l'autre peut devenir une façon de le torturer et/ou de se torturer soi-même. Contrairement à ce qu'essaie de nous faire croire l'opinion dominante, il ne faut pas « tout dire », mais dire tout ce qui est réellement utile au changement. Savoir si la maîtresse était plus belle ou si l'amant avait un plus gros sexe n'apporte rien d'utile. En revanche, savoir ce que le conjoint trouvait dans l'infidélité qu'il ne trouvait pas dans son couple légitime (et, souvent, qu'il n'y trouve toujours pas) est certes pénible à entendre, mais peut s'avérer tout à fait capital. C'est la raison d'être du tableau qui clôture le chapitre 4.

« Ma vraie vie est ici »

Combien de couples n'ai-je pas entendu m'expliquer leur plaisir de fonctionnement à deux en tant que parents, contrastant avec leurs difficultés à s'entendre en tant qu'amants ? Certains en viennent à vivre une double vie.

Nina

Elle avait seize ans quand elle a rencontré Pierre, de dix ans plus âgé. À dix-huit ans, au lieu de commencer des études supérieures, elle s'est installée chez lui pour mener une vie de femme au foyer, revendiquant le statut de « repos du guerrier ». Elle a eu trois enfants et trois amants. Elle affirmait avoir été plus amoureuse d'eux que de son mari, mais n'avoir jamais envisagé le divorce : « Je lui appartiens. » À l'en croire, elle aurait rendu ses trois amants « fous » à force de chauds et de froids, de moments de passion folle alternant avec des rejets. Le plus surprenant étant que Pierre ne se soit jamais rendu compte de rien, et qu'aucun amant n'ait jamais vendu la mèche.

Le cas de Nina est quasi caricatural, car clivé. En jouant sur les mots, on pourrait dire qu'elle était fidèle, puisqu'elle était disposée à tenir son engagement dans le couple avec Pierre envers et contre tout. Elle a eu des amants, mais elle a été très attentive à ce que cette partie de sa vie reste ultrasecrète, de façon à ne pas mettre sa « vraie vie » en danger. Ce fut d'ailleurs une grosse source de conflits avec ses amants : elle pouvait renoncer à les voir en toute dernière minute si elle n'était pas sûre à 100 % que ce ne serait pas découvert par Pierre.

Je ne le répéterai jamais assez : la fidélité est relative à un contrat, celui que le couple a signé, de façon généralement tacite, au moment de la rencontre. Nina s'estimait fidèle « à sa manière » parce qu'elle respectait le contrat qu'elle avait signé avec elle-même, mais il va sans dire que Pierre ne l'aurait pas vu comme cela, et elle en était tout à fait consciente. Le contrat signé à deux, pour tacite qu'il ait été, incluait sans aucun doute l'exclusivité sexuelle. Il y avait là un clivage bien verrouillé, probablement ancien, organisant la vie de Nina mais aussi celle de ses proches.

Dans d'autres cas moins extrêmes, il n'y a pas de clivage mais plus banalement un flou sur certains aspects de la fidélité, moins « standards » que l'exclusivité sexuelle. Une partie importante du travail psychothérapeutique – qui peut aussi être accomplie sans l'aide du moindre tiers – consiste à rendre ce contrat plus explicite, quitte à revendiquer la réécriture de certaines de ses clauses.

L'urgence de vivre

« Je ne voudrais pas crever/Avant d'avoir usé/Sa bouche avec ma bouche/Son corps avec mes mains/Le reste avec mes yeux », écrit Boris Vian, alors qu'il connaît le caractère incurable de son mal et sait qu'il a déjà dépassé son espérance de vie. Certains, même ceux dont le temps n'est pas compté comme le sien, ont une conscience aiguë de la brièveté de la vie. D'autres se croient immortels, ou en tout cas évitent de penser à l'échéance fatale. D'autres encore sont soutenus par la foi et comptent sur une vie après la mort. Dans tous les cas, il est question du sens de la vie, à entendre dans sa double acception de signification et de direction : soit on construit sa vie et la jouissance est remise à plus tard, soit on en jouit aujourd'hui parce que l'on ignore si l'on sera vivant demain, ou même l'instant qui vient.

Entre ces deux extrêmes, il existe beaucoup de degrés, et le juste milieu serait peut-être, à chaque bifurcation de la vie, d'opter pour l'action qui fait « avancer le schmilblick » tout en apportant une satisfaction directe. Tromper son conjoint, en l'occurrence, ne semble pas très constructif, mais qu'en sait-on, après tout ? Dans ce témoignage, le sentiment d'avoir déjà manqué une partie de sa vie est prédominant dans la décision de passer à l'acte :

Marguerite

« Je suis l'aînée d'une fratrie de six enfants. J'ai passé mon adolescence à m'occuper de mes cadets au lieu de profiter de la vie. J'ai quitté la maison pour vivre avec mon copain dont j'étais enceinte, et je suis restée longtemps fidèle par principe, mais quand les enfants ont été à peu près autonomes, j'ai commencé à regarder en arrière. Je me suis alors dit que je n'avais connu qu'un seul homme, qui fuyait la maison en travaillant plus que nécessaire. Quand j'ai rencontré Axel, je ne me faisais aucune illusion : je savais très bien qu'il voulait une maîtresse, rien de plus, et qu'il n'avait aucun respect pour moi, mais j'avais une revanche à prendre sur la vie. »

Toutes les raisons de « tromper » l'autre que j'ai évoquées recoupent d'une façon ou d'une autre un tel besoin : si l'on a besoin de plaire, c'est un besoin sans fond, on n'en a jamais assez ; si l'on a besoin de « Un », l'enfant ou l'amant conviennent mieux que le conjoint pourvoyeur de « Deux » ; si l'on a besoin de l'assentiment de Dieu, du Destin ou du Hasard, il faut sans cesse une nouvelle ordalie pour vérifier cet assentiment ; si l'on a besoin d'une vengeance, le risque est grand que l'on entre dans un cercle vicieux, car la violence engendre la violence ; etc.

Loin de ces dérives, « Je plais encore » pourrait devenir « Mon conjoint me désire comme au premier jour ». « Comment dire "Non" à toutes ces tentations ? » pourrait déboucher, en guise de réponse, sur la fierté d'avoir fait preuve de la force morale nécessaire au triomphe de l'amour. L'aventure semble par définition correspondre à une échappée du quotidien, mais ne peut-on concevoir ce dernier comme la plus dangereuse des aventures ? Ne pourrait-on même voir le couple comme LA grande aventure contemporaine et le « laboratoire de la démocratie » ? Même en admettant que l'infidélité apporte une plus grande satiété que le couple, ne peut-on penser qu'une insatisfaction légère permet de mieux goûter ce dont on dispose ? Sans moralisation aucune, n'est-ce pas la différence entre un litron de gros rouge qui tache et un verre de grand cru classé ?

Le plaisir ou le désir ?

Pour finir, je voudrais évoquer une réalité que l'on tend, malgré la libération sexuelle, à couvrir d'un voile pudique : si l'on peut aimer quelqu'un très profondément et ne pas y trouver de grande satisfaction sexuelle, on peut aussi « prendre son pied » comme jamais avec quelqu'un que l'on méprise… Il y a une leçon à tirer de ce genre de constat. Certains proposeront de faire de la satisfaction sexuelle le principal critère de choix du conjoint, d'autres encore en profiteront pour dévaluer l'idéal du couple et/ou chanter les mérites de l'union libre, voire de l'infidélité…

Des livres tels que le *Kamasoutra* ou *Le Tao de l'art d'aimer*[1] proposent une vision de la sexualité radicalement différente de notre conception occidentale moderne[2]. Selon ces philosophies orientales une sexualité épanouie ne procède pas d'une formule magique mais d'un art de vivre que l'on doit cultiver pour réussir son couple. Il ne suffit pas d'un « bon » couple, d'un « bon » amant, d'une « bonne » maîtresse pour atteindre le bonheur sexuel. Autrement dit : ce n'est pas le désir qui est mis en avant, mais le plaisir. Autrement dit encore : le « devoir conjugal » ne suppose pas que les femmes consentent à être plus ou moins régulièrement violées par leur mari, comme dans le patriarcat, mais que les deux partenaires s'emploient à faire de leurs relations sexuelles un ciment du couple et de la famille. C'est une prescription religieuse du *Kamasoutra*, et médicale du *Tao*.

Ces modèles, même si l'on peut y trouver une inspiration utile, sont toutefois difficiles à transposer en Europe. Je crois en revanche qu'il appartient à chaque couple de se fabriquer sa propre culture. Si nous sommes capables de développer un art de la table ou d'éduquer nos

1. Chang J., *Le Tao de l'art d'aimer*, Calmann-Lévy, 1977.
2. En l'absence de code religieux concernant ces questions en Occident, il faut se référer aux statistiques. On lira, par exemple, Bajos N. & Bozon M., *Enquête sur la sexualité en France*, La Découverte, 2008.

sens et notre entendement dans des domaines aussi divers que la peinture, la musique ou la littérature, pourquoi ne pourrions-nous pas en faire autant de la sexualité ? Un tel enjeu s'impose presque toujours aux couples qui essaient de se reconstruire après une infidélité. Et il est dommage qu'il ne soit pas imposé plus tôt, de façon préventive.

Troisième partie

Comment reconstruire ?

Bien sûr tu pris quelques amants
Il fallait bien passer le temps
Il faut bien que le corps exulte
Finalement, finalement
Il nous fallut bien du talent
Pour être vieux sans être adultes

Jacques Brel, *La Chanson des vieux amants*

Chapitre 6

Quelles raisons avons-nous de rester fidèles ?

En considérant qu'une majorité écrasante des « contrats de couple » donne une place centrale à l'exclusivité sexuelle, la question qui titre ce chapitre peut sembler triviale. Néanmoins, 43 % des hommes et 35 % des femmes pensent possible de mener plusieurs relations en parallèle[1]. Est-ce un paradoxe ? Je ne crois pas. Ou alors, ce paradoxe appartient à notre société : les gens sentent que la fidélité leur est nécessaire mais entendent de toutes parts qu'elle ne l'est pas, que c'est une invention du christianisme (faux, même si le christianisme met la fidélité au centre de sa doctrine), que les autres primates ne la pratiquent pas (vrai pour la majorité des primates, mais pas pour la totalité), que tout le monde est infidèle au moins une fois dans sa vie (faux), que le couple ne sert à rien en dehors de la fondation

1. Jaspard M., *op. cit.*, p. 103.

d'une famille (de plus en plus faux), etc. À considérer la quantité de pièces de théâtres, films, romans, poèmes et chansons consacrés au sentiment amoureux et à ses aléas, parmi lesquels l'infidélité figure en très bonne place, ces opinions devraient paraître peu pertinentes.

Quoi qu'il en soit, le couple désireux de se reconstruire après une infidélité se doit de trouver ou retrouver ses raisons « sur mesure » d'être fidèle. À défaut, la confiance ne reviendra jamais. Très en amont, nous avons démontré que ceux qui discutent explicitement de fidélité avant le mariage ont plus de chances de rester fidèles[1].

On sait ce que l'on gagne, pas ce que l'on perd

Je commencerai par la raison que d'aucuns trouveront la moins « noble », se situant du côté du principe de précaution. Il semble ainsi qu'une des causes pour lesquelles les hommes ont tendance à préférer, quand ils se montrent infidèles, les relations éphémères et les prostituées, est de diminuer le risque de révélation. L'idée qu'ils seraient moins sentimentaux que les femmes a pu valoir en d'autres temps, mais l'évolution de la société la rend de moins en moins crédible. La plupart des hommes et des femmes qui ont choisi de se mettre en couple tiennent à ce dernier, parfois d'ailleurs contre toute raison. Or, une rencontre amoureuse, même dans les cas où elle se veut purement sexuelle, quelles qu'en soient les circonstances, contient toujours les germes d'un nouveau couple. Ne serait-ce

1. D'après Afifi W., Falato W. & Weiner J., « Identity concerns following a severe relational transgression: The role of discovery method for the relational outcomes of infidelity », in *Journal of Social and Personnel Relationship*, n° 18/2, 2001, p. 291-308.

que parce que l'amant ou la maîtresse ne se satisfait pas forcément du rôle de « troisième roue de la charrette ». Dans le récit qui suit, il est facile de percevoir l'importance cruciale du couple préexistant et de l'engagement qu'il implique.

Dan et Renée

Quand Renée a rencontré Dan, elle s'est dit que c'était l'homme de sa vie. Mais il était déjà en couple. Elle lui a pourtant avoué ses sentiments. Elle était belle, intelligente, ils avaient beaucoup de points de rencontre, ce qui fait que Dan était troublé malgré lui. Son couple n'était pas du tout usé, d'autant moins que sa compagne, Renata, avait l'art de transcender le quotidien. Mais il devait reconnaître que s'il avait rencontré Renée avant Renata, ou même s'il les avait rencontrées en même temps, il aurait préféré Renée. D'un autre côté, il s'était engagé vis-à-vis de Renata, ils avaient des projets, et même ils venaient de signer un compromis de vente pour une grande et belle maison. Finalement, ç'a été plus fort que lui, il n'a pas pu dire « Non » à Renée. Mais celle-ci allait découvrir que « pas non » n'équivaut pas à « oui »...

Dans des cas comme celui-ci, on pourrait s'étonner du silence de la « troisième personne ». Les raisons pour lesquelles Renée, qui a commencé à venir me consulter peu de temps après avoir rencontré Dan, a choisi de se taire, étaient transparentes : elle savait que si elle s'était manifestée à Renata, c'est elle que Dan aurait quittée, alors elle s'accrochait à l'espoir que le temps joue pour elle.

Un jour, Renata est rentrée chez elle plus tôt que prévu et a décroché le combiné du téléphone pour appeler une amie. Dan ne l'avait pas entendue arriver et il était en ligne avec Renée. Renata eut droit à cinq minutes de conversation édifiante. Répétons-le, la révélation de l'infidélité est toujours une rupture de continuité dans l'histoire du couple, mais ici on pouvait parler de coupure, à la fois parce que Renata ne soupçonnait rien et parce que le couple allait bien. Or, la coupure engendre la coupure : Dan a rompu avec Renée le jour même. Il ne l'a plus jamais revue ! Il est arrivé à ma patiente, par la suite, de croiser le couple : Renata ne la connaissant pas et Dan faisant semblant de ne pas la connaître, elle se sentait doublement exclue. C'était comme si leur histoire d'amour n'avait existé que dans son imagination.

Être infidèle revient donc, au moins potentiellement, à aller au-devant des ennuis, et chercher les ennuis ne démontre aucun courage, ni aucune autre vertu de ce type. J'ai failli ajouter à ce livre un chapitre qui se serait intitulé : « Comment font-ils ? »... Certaines personnes aimeraient « s'offrir » une aventure mais ignorent « comment on s'y prend ». C'est une raison par défaut de rester fidèle, et l'on pourrait se demander pourquoi je prends la peine de la mentionner. De ces personnes, on pourrait dire qu'elles sont « honnêtes malgré elles ». En fait, c'est plutôt qu'elles ne savent pas séduire l'autre autrement qu'en lui proposant un couple ; or, en termes d'aventure, cette possibilité n'existe pas.

Mieux vaut prévenir que guérir

Certains ne se contentent pas d'avoir peur de la révélation, mais anticipent sur l'avenir et construisent des scénarios concernant tout ce qui pourrait arriver de négatif s'ils étaient infidèles : difficulté de garder le secret, inconfort moral vis-à-vis des deux partenaires, gestion de la relation illégitime, contrôle de soi permanent, acrobaties horaires, etc. Ils sont tellement conscients des conséquences possibles qu'ils s'abstiennent. Anticiper signifie quand même un désir d'infidélité, et la décision de ne pas y céder suppose un minimum de retour sur soi et de volonté de changement. Pour Nicolas et Fabienne, il a fallu faire œuvre de guérison, faute de prévention.

Nicolas et Fabienne

Ils se sont rencontrés sur une double coïncidence : d'une part, l'impression que leurs personnalités s'emboîtaient parfaitement et d'autre part, à un niveau plus temporel, le fait d'être tous deux dans l'urgence de faire un enfant – un peu surprenante dans le cas de Nicolas, qui n'était pas autant que Fabienne soumis à une limite d'âge. Assez rapidement après la naissance de leur enfant, Nicolas s'est mis à avoir des problèmes d'érection. Au cours de la thérapie, il s'est surpris à exprimer que Fabienne, devenue mère, se serait mise à tout diriger, réduisant Nicolas à l'état de petit garçon. Pour compenser ses frustrations, elle a pris un amant, puis lui, à son tour, a pris une maîtresse, afin de démontrer qu'il était encore capable de faire l'amour. Fabienne en a été fort blessée, tout en reconnaissant que, si elle se donnait le droit d'avoir un amant, elle ne pouvait décemment pas interdire une maîtresse à Nicolas. Ils convinrent alors de redevenir fidèles et de commencer une thérapie de couple.

Ce qui est remarquable dans cette histoire, c'est que leurs infidélités respectives ne les empêchaient pas de fort bien s'entendre au quotidien[1], et il semble que leur fille n'ait rien perçu de leurs problèmes.

1. On pourrait soupçonner qu'être traité comme un petit garçon convenait à Nicolas ou en tout cas ne l'empêchait pas d'être heureux avec Fabienne. En revanche, cela perturbait sa virilité, sans doute fragile au départ.

Au point où ils en étaient quand ils sont arrivés en thérapie de couple, ils connaissaient bien le prix de l'infidélité, puisqu'ils l'avaient tous deux pratiquée. Ce prix, ils ne voulaient plus jamais le payer, et c'était une excellente motivation, mais elle ne suffisait pas. Encore fallait-il qu'ils se donnent les moyens de la fidélité. Par exemple, ils allaient convenir que Nicolas, même s'il avait eu des érections avec sa maîtresse, devait aller consulter un médecin, pour vérifier s'il n'avait pas malgré tout un problème physiologique. Il allait être question aussi, dans ce couple, de toutes les façons de prendre du plaisir sexuel sans érection, mais aussi du plaisir non sexuel. Ils allaient répertorier tout ce qui fonctionnait entre eux, tout ce qui méritait d'être préservé, et même cultivé. Il ne s'agissait pas seulement de prévenir d'autres crises, mais d'être prévenant. Faire l'amour, se diraient-ils, c'était aussi faire tout ce qui contribuait au lien amoureux, l'acte sexuel étant un acte parmi d'autres.

Finalement, Nicolas a su dépasser son sentiment d'impuissance et guérir ses blessures d'amour-propre, et Fabienne est parvenue à ne plus prendre pour elle un symptôme qui, quelle qu'en soit la cause, ne pouvait appartenir qu'à lui – même si elle l'avait nourri. Peu à peu, ils sont arrivés à avoir des relations sexuelles satisfaisantes sans érection, ce qui a eu pour effet que Nicolas s'est mis de nouveau à avoir des érections avec Fabienne. La première fois, il a perdu son érection en essayant de pénétrer sa partenaire, et cela a généré une crise de plus, qu'ils ont évoquée en consultation. Je leur ai fait valoir qu'il était normal qu'il ait perdu son érection, car il était soucieux d'y arriver, et qu'ils devaient se concentrer sur les points positifs : le fait que l'érection soit redevenue possible, que cela se soit passé dans le cadre d'un rapprochement sexuel et que, de façon plus générale, il leur était redevenu possible d'avoir du plaisir ensemble. Le mieux à faire était d'essayer la pénétration à chaque érection, mais de ne plus en faire un enjeu : si cela fonctionnait, tant mieux, mais dans le cas contraire, tant pis. D'autres chemins étaient devenus possibles.

Évidemment, leur cas est assez particulier. Mais on peut aisément le transposer à des quantités de situations où l'infidélité n'a pas été sexuelle. Je pense à certains patients qui ont avoué à leur conjoint avoir eu une occasion, avoir été tentés d'y céder et ne s'être retenus que de justesse… Pour ce que j'ai pu en observer, cette option comporte l'avantage de dramatiser l'exposé des problèmes du couple (il y a un danger concret, donc une raison impérative de réagir) mais aussi l'inconvénient d'être susceptible de donner à l'émetteur de l'aveu un pouvoir démesuré sur son récepteur (parce que le danger se fait menace). J'ai d'ailleurs connu un cas où l'aveu était inventé de toutes pièces, pour donner plus de poids à des exigences.

Je crois que, même quand on a eu une opportunité réelle et que l'on a eu la « force » de résister, il vaut mieux garder son « exploit » pour soi. En revanche, on peut y trouver l'inspiration d'une vraie remise en question, et le véritable « exploit » sera de mettre les problèmes du couple au travail, ce qui exige toujours un certain courage.

« Je ne veux pas être comme eux »

Des études statistiques montrent que le risque d'infidélité est accru quand on a eu un parent infidèle[1]... Mais elles ne disent rien du grand nombre de personnes qui, ayant mal vécu cette situation en tant qu'enfant, ont à cœur de ne pas reproduire ce qui pourrait nuire à leurs propres enfants. Que ces derniers existent vraiment ou seulement à l'état de projet importe peu, à côté de l'exigence d'échapper à un destin, du courage d'écrire sa propre histoire.

Nathalie

Pendant toute son enfance et son adolescence, elle a entendu sa mère se plaindre de son père, l'accabler de reproches amers. Elle connaissait par ailleurs l'existence des amants successifs de ladite mère, qui s'en justifiait en lui expliquant que son père « ne savait pas s'y prendre ». Devenue adulte, Nathalie a eu plusieurs couples qui ne lui convenaient pas. Chaque fois qu'elle s'en rendait compte, elle rompait. Peut-être trop vite et, surtout, trop brutalement. Une fois, ce fut une catastrophe financière, qui aurait pu être évitée si elle avait été plus prudente. Mais l'image du couple formé par ses parents la hantait.

Alors qu'elle avait trente-cinq ans et commençait à se demander si elle aurait un jour l'occasion d'être mère, elle a rencontré Vincent, qui avait très envie de devenir père. Elle est tombée enceinte assez rapidement. Comme souvent quand on n'a pas vécu assez longtemps à deux avant de se retrouver à trois, leur sexualité s'en est ressentie. À tort ou à raison, Nathalie en a

1. Afifi W., Falato W. & Weiner J., *op. cit.*, p. 291-308. Cités par Dallaire Y., « Prévenir ou survivre à l'infidélité », site psychoressources.com, 2014 (http://psycho-ressources.com/bibli/couple-infidelite.html).

attribué toute la responsabilité à Vincent. Ce qui est sûr, c'est qu'elle se sentait frustrée. Fort belle femme, elle était régulièrement « sollicitée » mais, bien décidée à ne pas devenir comme sa mère, elle restait scrupuleusement fidèle. En revanche, elle reproduisait sans s'en rendre compte une attitude de sa mère consistant à considérer son conjoint comme la cause de tous les problèmes du couple. Jusqu'au jour où elle a découvert que Vincent la trompait... C'est là qu'elle a pris rendez-vous avec moi pour une thérapie de couple, qui s'est transformée rapidement en suivi individuel.

Vincent se sentait très coupable de l'avoir trompée et ne l'accusait de rien, mais quand ils ont commencé à essayer de comprendre ce qui s'était passé, elle s'est rendu compte qu'elle l'avait, sans le vouloir, beaucoup humilié, comme sa mère l'avait fait avec son père. Elle lui a présenté des excuses. Lui a juré de ne plus jamais la tromper. Ils ont passé ensuite plusieurs séances de couple à parler de leur sexualité. Nathalie a réalisé qu'elle avait été tellement dégoûtée par la sexualité de sa mère qu'elle avait mis sa propre sexualité à distance. Je lui ai fait remarquer que les pratiques sexuelles de sa mère n'étaient pas problématiques en soi mais que, d'une part, elle aurait dû en faire bénéficier son père et que, d'autre part et surtout, elle n'aurait pas dû en imposer la confidence à sa propre fille. Une partie des séances a été consacrée à comparer l'infidélité de Vincent avec celles de sa mère : autant Vincent se sentait coupable et prêt à tout pour réparer le couple, autant sa mère, parfaitement amorale, ne se sentait jamais coupable de rien.

Un cas comme celui-ci est d'autant plus révélateur que Nathalie avait une vraie volonté de ne pas être comme sa mère, et que ladite volonté a continué à lui servir de moteur à travers les différentes métamorphoses de son destin. C'est ce qui l'a motivée à ne pas tromper Vincent, puis lui a permis d'envisager sa responsabilité dans la crise du couple, c'est-à-dire de rester fidèle à ses sentiments, à ses engagements et finalement à elle-même. Il a fallu beaucoup de courage à Nathalie pour affronter ses démons afin de sauver son couple, mais il ne lui est pas tombé du ciel : il s'enracinait dans un engagement datant de l'enfance. En d'autres termes, son engagement vis-à-vis du couple renouvelait un engagement plus ancien : « Je ne veux pas être comme elle. » Malheureusement, le courage ne suffit pas : en essayant de ne pas reproduire certains comportements des parents, on reste braqué sur lesdits parents, voire obsédé par eux, et on en arrive parfois, paradoxalement, à reproduire d'autres comportements auxquels on était moins attentifs. Pourquoi agit-on comme cela ?

L'explication psychanalytique est que le conscient et l'inconscient sont parfois en conflit et que les protagonistes d'un conflit peuvent faire preuve de ruse. Nathalie désirait échapper à un certain destin, mais il n'empêche que son psychisme s'était construit sur des mécanismes d'identification à ses parents et plus particulièrement à sa mère, parent du même sexe qu'elle. Il est donc plausible que son inconscient soit resté fidèle à sa mère alors que son conscient était fidèle à Vincent. La ruse aurait alors consisté, pour son inconscient, à consentir à un comportement ou une série de comportements qui soit trahison de sa mère à un certain niveau, fidélité à un autre. On appelle cela une « formation de compromis ». La sexualité de Nathalie était à cet égard très significative : parce qu'elle ne voulait pas être « comme elle » (comme sa mère), il est probable qu'elle s'était inconsciemment programmé un couple « comme eux » (comme ses parents).

L'explication systémique est assez différente mais tout à fait compatible. Elle consiste à concevoir un comportement donné comme la partie d'un « tout » avec lequel cette partie est en interaction. Le « tout » obéit à une certaine logique, se structure de façon à présenter une certaine stabilité, ce qui fait que le mouvement d'une partie en fait bouger une autre, de façon à ramener le système à l'équilibre : quoi que Nathalie fasse pour ne pas être « comme elle », elle était ramenée au « comme eux ». Vu sous cet angle, le problème de Nathalie était de refuser une partie du destin que lui indiquait sa mère sans néanmoins changer le prisme à travers lequel elle voyait le monde, incluant ses relations avec Vincent. Une crise de couple est le moment ou jamais pour initier un changement plus profond, c'est-à-dire un changement de prisme. En cessant de s'attaquer au « comme elle » pour s'occuper de son couple, se recentrant ainsi sur Vincent, il allait devenir possible de changer le « comme eux ».

Une certaine image du bien

Nathalie définissait le bien par rapport au mal, sans savoir que saint Augustin avait fait de même seize siècles plus tôt. Nous venons d'envisager l'inconvénient de cette façon de faire, à savoir le danger de reproduire le mal malgré soi, parce que l'on est trop obsédé par ce que l'on juge être le mal, par l'image que l'on s'en fait. On peut adopter l'exact inverse de cette démarche et définir le mal à partir de l'image que l'on se fait du bien.

En réalité, les deux méthodes présentent des avantages et des inconvénients. À la première, on doit accorder – comme saint Augustin – que le mal dessine les contours du bien. À l'inverse, quand on se fait une certaine image du bien forgée sur la manière dont on a vu agir ses parents, on n'est certes pas confronté à la nécessité de trahir un parent, mais l'image est beaucoup plus floue. Il y a pourtant des arguments pour préférer cette approche. Le célèbre psychanalyste Jacques Lacan, par exemple, a proposé de différencier le « surmoi[1] », qu'il qualifie d'instance « terroriste », de la « position éthique », consistant à se faire sa propre image du bien et à s'y soumettre.

Les turpitudes dans lesquelles son infidélité la plonge semblent finalement aboutir pour Dorothée à une prise de conscience, à une volonté de faire quelque chose pour sauver son couple.

Dorothée

« Tromper Christian, c'est mal, parce que je me suis engagée à lui être fidèle et surtout parce que je sais que s'il l'apprend, ça le blessera. Mon ex m'a trompée et je m'en souviens comme si c'était hier... D'un autre côté, j'aime vraiment ce que je vis avec Luc et je n'arrive pas à le voir comme quelque chose de mal. C'est beau, cela ne peut pas être mal. Ma meilleure amie prétend que je me pose trop de questions, que je dois profiter du moment présent. Mais je trouve que ce serait irresponsable. Ce n'est pas comme cela que j'imaginais mon couple. Je pense que j'ai laissé certains problèmes gangréner avec Christian, et que si notre couple avait été en meilleure santé, il ne se serait rien passé avec Luc. Je dois être honnête, j'aurais été tentée, mais je me serais abstenue.

Je pourrais quitter Christian, mais cela n'aurait aucun sens ; on ne peut pas toujours tout recommencer à zéro, et de toute façon Luc n'est pas preneur :

1. Instance psychique assurant, selon Sigmund Freud, un rôle de censure. Le surmoi s'aligne donc bien sur « une certaine image du mal ».

il ne croit plus au couple. Pour le moment, je n'arrive pas à rompre avec Luc, mais je sais qu'il faudra un jour ou l'autre que je le fasse. En tout cas, j'ai commencé à "secouer le prunier" pour que cela change avec Christian... Il se demande un peu ce qui me prend, mais il comprend que c'est pour un mieux. »

Elle peut ruminer sur ce mode pendant toute une séance. Son ton est très rationalisant, mais elle se pose de vraies questions éthiques. Par exemple, elle s'est demandé si elle devait avouer son infidélité à Christian, et sa réponse a été que son aveu allait le blesser sans rien apporter au couple. Dans la lancée, elle s'est également demandé si elle répétait un scénario de son enfance. Ses parents vivaient « comme deux étrangers », sans dispute mais « sans amour ». Ce n'était pas son cas avec Christian. Par ailleurs, ses parents étaient fidèles – ou en tout cas, si l'un d'eux ne l'était pas, elle n'en avait jamais rien su. Enfin, son adolescence n'avait pas fait beaucoup de vagues et elle s'entendait bien avec ses parents, même si parfois elle s'ennuyait.

Si elle reproduisait quelque chose, c'était à repérer du côté de l'indissolubilité du couple, mais elle aspirait à mieux que ses parents : elle les trouvait un peu « éteints ». Elle n'était pas à proprement parler critique à leur égard, était même prête à les trouver philosophes du côté d'un certain stoïcisme, mais elle ne se voyait pas suivre ce chemin-là. On mesure ici que l'image que l'on se fait du bien est étroitement liée au sens que l'on donne à sa vie. Autant certaines personnes s'étourdissent en collectionnant les plaisirs, autant d'autres ne peuvent pas s'en contenter : il ne suffit pas pour eux que ce soit « bon », il faut en outre que ce soit « bien » (éthique) et/ou « beau » (esthétique).

Le bonheur dans la contrainte

Nous irons de plus en plus loin sur l'axe du devoir. Ce qui est logique, car aborder l'infidélité sous un autre angle amène tôt ou tard à juger ce que les gens *sont*, alors que l'on devrait toujours se limiter à ce qu'ils *font*. C'est d'autant plus crucial que l'on en vient aussi, sur cette pente (car c'en est une), à condamner la personne trompée, sous prétexte de comprendre en quoi elle participe à la crise du couple. Je reviens souvent sur un mot anglais utilisé par Shakespeare dans *Le Marchand de Venise*, *« bond »*, qui signifie tout à la fois le lien, la reconnaissance de dette et le fer de l'esclavage. Qui dit « lien » dit « contrainte ». Le concept de *double bind*[1], par exemple, se traduit indifféremment par « double lien » ou « double contrainte ». Et quand j'écris, au premier chapitre, que le lien « attache », il faut en prendre la pleine mesure. On peut, si l'on veut, vivre un « amour libre », c'est une option qui peut séduire, mais cela fait-il un couple ? L'histoire qui suit est assez édifiante sur ce plan.

François et Françoise

Ils avaient en commun d'aimer varier leurs partenaires sexuels. Ils sortaient beaucoup, se croisaient souvent, et il n'était pas rare qu'ils terminent la nuit ensemble, sans pourtant qu'il soit question entre eux de fonder un couple. Quand l'un des deux se faisait « piéger » (c'était leur façon de présenter une relation qui dure plus longtemps que prévu), il lui était difficile de rester fidèle, et il recourait volontiers à son complice pour « se changer les idées

1. Bateson G., *Vers une écologie de l'esprit*, tome 2, Seuil, 1972, p. 42-48. Le *double bind* se compose de trois injonctions dont la deuxième contredit la première, et la troisième interdit de dénoncer cette contradiction.

en toute discrétion ». Au fil des années, ils avaient développé une véritable amitié, fondée sur une vision commune de la vie. Ils avouaient aussi un certain trouble par rapport au fait de porter le même prénom : « Nous sommes les mêmes ».

Un jour, Françoise est tombée enceinte, avec des raisons de croire que François était le père. Elle imaginait avorter, mais elle a commencé par lui en parler. Il avait envie d'être père, ils ont donc décidé de garder l'enfant et de vivre ensemble. Il était entendu, et même très explicitement formulé, que leur fidélité ne reposerait pas sur l'exclusivité sexuelle, mais sur leur projet parental et la construction d'un « foyer ». Sans le savoir, ils utilisaient là l'un des mots dont on se servait pour parler du lien amoureux avant l'avènement du concept de couple[1].

Leur premier gros conflit est apparu en fin de grossesse : Françoise ne pouvant plus ni boire ni fumer, elle sortait de moins en moins, et de toute façon plus personne ne lui proposait de faire l'amour en dehors de François. Celui-ci, en revanche, continuait de mener la même vie qu'avant, ce que Françoise vivait comme « une profonde injustice ». François lui fit remarquer que ce n'était pas de sa faute si ce sont les femmes qui portent les enfants, mais elle estimait que s'ils voulaient vraiment fonder un foyer, il devait rester près d'elle tant qu'elle était « bloquée là comme une baleine échouée sur une plage ».

Ce petit drame de fin de grossesse les a amenés à commencer une thérapie de couple pour réévaluer leur projet. Un élément porteur a été l'aveu de François que la vie qu'il menait manquait de sens. La confrontation au bébé « réel » (jusque-là, il n'avait fait que l'imaginer) a eu un effet « dévastateur ». Toute cette liberté dont il se réclamait lui est apparue soudain comme un échec sans fond. À

1. Rouche M., *op. cit.*, p. 161.

la même époque, il a lu *La Vie heureuse* de Sénèque, sans savoir que ce philosophe était un stoïcien, et il a envisagé de chercher « le bonheur dans la contrainte ». Tout cela semblait quelque peu artificiel, mais Françoise a accepté d'essayer : tous deux se sont engagés à l'exclusivité sexuelle comme condition d'un bonheur à trois. Françoise a été la première à « craquer ». Comme « l'article 2 » de leur contrat était de tout se dire, elle l'a raconté à François, qui s'est montré très étonné d'en être très affecté. Elle, de son côté, a été « touchée » de le voir si triste et désemparé.

Ce fut là le vrai départ de leur couple. Ce qui, jusque-là, tenait du principe abstrait, a commencé à pouvoir s'incarner. L'enjeu n'était plus seulement le bébé et le foyer qu'ils voulaient lui offrir, mais les conditions d'une vie à deux. La nécessité de tenir compte du ressenti de l'autre. Ils ont eu, en thérapie, une longue discussion sur le concept de fidélité. S'agissait-il seulement d'exclusivité sexuelle ou d'une aventure d'un autre type ? Puisque François aimait la philosophie, je leur ai conseillé *Éloge de l'amour* d'Alain Badiou, auteur dont il a déjà été question. Il semble que cela ait été, pour eux, une révélation. Françoise a été particulièrement frappée par les ponts que construit ce philosophe entre l'amour, la politique, le théâtre et les mathématiques (elle les enseignait).

Le bonheur dans la contrainte

« Le bonheur dans la contrainte », est-ce un oxymore, une formule paradoxale ? Le romancier Georges Pérec, par exemple, propose une formule d'écriture sous contrainte et pousse le bouchon assez loin : il a écrit tout un roman sans utiliser la lettre « E ».

.../...

.../...

Un certain nombre de poètes ont défendu aussi la contrainte du rythme et de la rime, en affirmant qu'elle soutenait le travail proprement poétique – à condition évidemment de ne pas donner dans les vers de mirliton. Le poète Francis Ponge, lors d'une interview radiophonique, expliquait qu'il avait abandonné le vers libre dans un mouvement vers le sacré. De façon générale, la contrainte stimulerait la créativité. Dans le cas du couple, accepter d'être fidèle, si l'on a également une exigence de bonheur à deux, oblige voire accule au changement. « L'alter ego altère l'égo », ai-je écrit ailleurs[1], en précisant que c'est l'un des grands bénéfices du couple. C'est également l'avis d'Alain Badiou : « Avec comme point de départ une chose qui, réduite à elle-même, n'est qu'une rencontre, presque rien, on apprend qu'on peut expérimenter le monde à partir de la différence et non pas seulement à partir de l'identité. Et on peut même accepter des épreuves, on peut accepter de souffrir pour cela[2]. » Évidemment, ce n'est positif que si le lien est réciproque.

À bien des égards, la solution de l'infidélité se trouve dans son contraire, la fidélité : la personne infidèle a cru que la fidélité était un problème et doit découvrir ou redécouvrir, avec l'aide de son conjoint, ce qu'elle apporte de bien et de beau. À défaut d'une telle redécouverte, la confiance ne reviendra jamais, car pourquoi la personne infidèle redeviendrait-elle durablement fidèle, si elle n'y trouve aucun bénéfice ?

1. Maes J.-C., *Liens qui lient, liens qui tuent. L'emprise et ses dérives*, *op. cit.*, p. 121.
2. Badiou A., *Éloge de l'amour*, *op. cit.*, p. 26.

Le concept de loyauté

Je me suis déjà, en d'autres temps et en d'autres lieux, exprimé sur le concept de loyauté, que je définis comme une relation complexe associant les quatre ingrédients suivants : engagement, trahison, fidélité et lâcheté[1].

L'engagement

Sur le plan militaire, l'engagement consiste à avancer dans un passage étroit sans possibilité de retour en arrière, et au niveau financier, à mettre un objet en gage, c'est-à-dire en garantie, pour obtenir un prêt. En ces temps de « liberté chérie », on a tendance à oublier que le couple est un engagement dans tous les sens du terme, incluant une promesse et un contrat, tacites ou explicites. Cela implique, entre autres, une dette réciproque. Or, les personnes esquivant leurs engagements se mettent généralement dans des situations qui augmentent, malgré elles, la dépendance à laquelle elles pensaient pouvoir échapper[2]. Les exemples sont nombreux et font démonstration.

C'est ainsi que l'infidélité peut donner à son auteur le sentiment d'échapper à l'emprise de son conjoint, jusqu'au moment où ce dernier le découvre et, s'il accepte de continuer le couple, devient suspicieux, culpabilisant, voire harcelant. Bref, son emprise se resserre :

1. Maes J.-C., « Loyauté et emprise », in *Cahiers critiques de thérapie familiale et de pratiques de réseaux* n° 44, 2010, p. 169-190 et « Vers un approfondissement du concept de loyauté », in *Thérapie familiale* n° 33, 2012, p. 357-372.
2. Il est intéressant à cet égard de noter que le mot « addiction » vient du latin *addictus*, terme utilisé, en droit romain, pour désigner la situation du débiteur incapable de payer ses dettes, qui devenait alors l'esclave de son créancier.

elle était normale, elle risque de devenir pathologique. L'étape suivante sera souvent la séparation, d'autant plus cuisante qu'elle a été différée.

À ce sujet, il faut noter qu'il n'est pas rare que le trompeur soit le plus attaché des deux. Il s'agit souvent, dans ce cas, de quelqu'un qui était frustré dans ses attentes, qui a tout essayé pour que cela change, s'est donc beaucoup investi dans le couple, mais s'est heurté à un mur et a fini par céder à une tentation. Quand son conjoint le quitte, il nourrit d'amers regrets (sans parler du fait qu'il endosse le mauvais rôle), alors que sa « victime », parfois, est carrément soulagée (d'où les guillemets que j'emploie).

La trahison

Nous avons vu au chapitre 3 que l'engagement dans le lien amoureux allait de pair avec une trahison des liens de filiation[1], mais je crois que la trahison dont il est question en matière de loyauté est bien plus profonde encore. Elle ne fait pas forcément beaucoup de bruit, car *a priori* tout le monde trouve normal que l'on donne la priorité à son conjoint à partir du moment où l'on est en couple, mais elle n'en est pas moins un ingrédient indispensable du lien. À quiconque en douterait, je propose de relire ses classiques : tous les grands amoureux de la littérature sont également de grands

1. Cette trahison est largement mise en scène dans les mariages. Un ami sicilien m'a raconté ainsi une tradition amusante consistant, pour un jeune homme, à enlever une jeune fille afin de l'épouser dans le village voisin, avant de revenir dans leur village d'origine une fois mariés. Tout cela se faisait avec la complicité du père de la jeune fille, mais c'est tout à fait significatif d'un des enjeux sous-jacent des mariages.

« traîtres ». Pour prendre l'exemple le plus connu, Roméo, non content de trahir les Montaigu, trahit ses amis et s'en accuse : il croit que c'est son amour pour Juliette qui a valu à Mercutio d'être tué par Tybalt.

Premièrement donc, nous trahissons notre famille d'origine, et deuxièmement nous trahissons nos amis, dont un certain nombre va se plaindre que nous étions plus disponibles quand nous étions célibataires. D'ailleurs, certaines personnes ont eu une telle attente vis-à-vis de leurs amis que, quand elles se mettent en couple, ces amis seraient en droit de se demander, rétrospectivement, s'ils n'ont pas été « utilisés », s'ils n'ont pas servi de substitut à un conjoint alors inexistant, avant d'être « abandonnés ». Aux antipodes d'une telle configuration relationnelle, j'entends de plus en plus souvent des patients se plaindre que leur conjoint les fait passer après ses propres amis. Sans être à proprement parler une infidélité, un tel comportement relève de la trahison et ne peut qu'affaiblir le couple. Sans un véritable engagement, c'est-à-dire sans les trahisons qui l'accompagnent, aucun couple ne tient sur la durée : les liens familiaux, parce que ce sont des liens de sang, et les liens professionnels, parce qu'ils engagent la survie économique, sont beaucoup plus solides que le lien amoureux. Quant aux relations amicales et aux infidélités, elles ne sont pas exposées à l'usure du quotidien.

Troisièmement, celui qui s'engage vraiment dans un lien amoureux se trahit lui-même, trahit une part au moins de ses valeurs, croyances, besoins, etc. Ou, pour le dire autrement : il met certains aspects de lui-même « en gage ». Pour revenir à Roméo, ses amis estiment qu'il s'est efféminé au contact de Juliette et il est d'accord avec ce diagnostic. Je suppose que l'on peut voir, ou mieux encore sentir, à ce stade, en quoi la notion de trahison et celle d'engagement sont inextricablement mêlées... Il n'est même pas besoin de se faire l'avocat du diable pour affirmer que la fidélité à l'autre est une trahison de soi-même et, réciproquement, la trahison de l'autre un regain de fidélité à soi-même. Une première lectrice de ce livre m'a rétorqué qu'il lui semblait que l'on choisissait son conjoint de façon à pouvoir lui être fidèle sans trop se trahir soi-même... Je lui ai répondu que l'on ne choisit pas de tomber amoureux, l'idée même qu'il s'agisse d'une « chute » étant à cet égard des plus éloquentes. Après quoi, il faut que je précise que la trahison n'est pas pour moi un terme négatif *a priori* : tout dépend de ce que l'on trahit. Par exemple, troquer un comportement inadapté contre un comportement plus adapté exige que l'on se trahisse soi-même... Et si Roméo avait accepté la part de féminin que son amour pour Juliette révélait en lui, il me paraît évident qu'il aurait réussi à changer leur destin et à éviter la tragédie que nous propose Shakespeare.

La fidélité

La fidélité doit à nouveau s'entendre bien plus largement que l'exclusivité sexuelle. C'est le contraire de la trahison. Une chaîne haute-fidélité, par exemple, est un système de lecteur, d'amplificateur et de haut-parleurs qui trahit le moins possible le son enregistré. Concevoir la fidélité de cette façon ouvre une hypothèse intéressante : si l'infidélité sexuelle est une trahison parmi d'autres, n'arrive-t-il pas qu'elle réponde à une trahison du conjoint dans un autre domaine ? L'exemple le plus banal, déjà évoqué, est celui où l'engagement d'une mère vis-à-vis de son enfant prend le pas sur son engagement vis-à-vis du père de cet enfant, qui le vit à juste titre comme une trahison. À l'inverse, je crois que la fidélité au conjoint implique des trahisons vis-à-vis des enfants, favorisant l'autonomisation de ceux-ci. Il en a été question avec le complexe d'Œdipe.

La lâcheté

Last but not least, la lâcheté, en miroir de l'engagement, concerne la peur de se retirer du couple. Les raisons de cette peur sont diverses. J'en ai évoqué quelques-unes au fil de ce chapitre, mais je n'en établirai pas le répertoire, car le plus important à mes yeux serait d'esquisser quelque chose comme un éloge de la lâcheté. Ne dit-on pas que « Prudence est mère de sûreté » ? Si l'on ne peut nier que le courage soit une qualité, il est parfois difficile à différencier de la témérité et de l'inconscience. Je propose souvent, comme exemple, la naissance du christianisme : si tous les chrétiens étaient allés au martyre, cette nouvelle religion aurait fait long feu. Mais, heureusement pour elle, certains de ses adeptes étaient lâches, à commencer par Pierre[1], sur lequel Jésus est supposé avoir fondé son Église… Plus près de notre sujet, beaucoup de gens ne sont fidèles à leur conjoint que par peur des complications, et ce n'est pas négatif. On pourrait même défendre l'idée qu'il existe plusieurs sortes de courages, celui auquel on pense généralement, c'est-à-dire celui

1. Pour mémoire, la veille de la crucifixion du Christ, Pierre l'a renié trois fois par peur de subir le même sort.

d'affronter, mais aussi celui de supporter. Cela fait affirmer au sexologue Yves Ferroul que, pour qu'un couple dure, il ne faut pas « avoir le ticket gagnant », comme le croit son interlocutrice dans *Le mariage d'amour n'a que 100 ans*, mais « accepter un certain nombre de sacrifices[1] ».

1. Caron-Verschave L. et Ferroul Y., *op. cit.*, 2015, p. 90.

Chapitre 7

Peut-on recouvrer la confiance ?

Comment reconstruire le couple après la révélation de l'infidélité ? Avant toute autre considération à ce sujet, j'aimerais souligner, surligner voire encadrer un préalable qui devrait sembler évident, mais qui ne fait plus partie depuis longtemps du politiquement correct : l'infidélité est une *transgression*. Ce n'est plus une infraction sans doute, dans la mesure où le droit commun n'en est plus le relais, mais tous les couples se fondent sur un contrat plus ou moins tacite ou explicite qui, dans la majorité des cas, impose l'exclusivité sexuelle : une grosse étude sociologique menée en France à la fin des années 1990 montre ainsi, entre autres, que le précepte selon lequel les infidélités passagères renforcent l'amour aurait fait son temps[1]. Ceci étant posé, il importe de bien différencier la culpabilité du sentiment de culpabilité, d'une part, et l'inculpation de la culpabilisation, d'autre part.

1. Jaspard M., *op. cit.*, p. 104.

On tend à confondre culpabilité et sentiment de culpabilité, alors que la première est une donnée objective, le second un ressenti totalement subjectif. En droit, le coupable est l'auteur de l'infraction, et la victime celui ou celle qui en subit le préjudice. Je propose de me limiter à cette définition, qui permet une autre différenciation très utile en termes de reconstruction : telle que je la conçois, l'inculpation vise à établir le plus objectivement possible la culpabilité de l'auteur présumé d'une transgression, alors que la culpabilisation vise à ce qu'il se sente coupable de cette transgression, ceci qu'il en soit ou non l'auteur.

Culpabilisation et emprise

L'emprise dispose d'un certain nombre d'outils pour construire ses prisons, de fils[1] pour tisser sa toile. L'un d'eux – et pas des moindres – est la culpabilisation. J'ai dit, plus haut, que nous avions, vis-à-vis de notre conjoint, une dette. J'ajoute maintenant que le sentiment de culpabilité augmente l'impression d'être en dette, et qu'en culpabilisant quelqu'un, on fausse la balance : on minimise sa propre dette, et on maximise celle de l'autre. Il y a un peu de cela dans n'importe quel couple, mais dans la mesure où cela reste réciproque, la balance demeure à peu près équilibrée. Dans *D'amour en esclavage*[2], je propose un certain nombre de portraits autres que celui du pervers

1. Pluriel de « fil », même s'il peut s'agir, pour les Jocaste, d'un fils : Jocaste est la mère d'Œdipe et dans *Œdipe roi*, la pièce de Sophocle, Œdipe ignore qu'il épouse sa mère, mais tout porte à croire que Jocaste, elle, sait fort bien ce qu'elle fait, et que sa motivation est de rester reine de Thèbes…
2. Maes J.-C., *D'amour en esclavage. Ces relations qui font du mal*, *op. cit.*

narcissique[1], qui ont en commun avec ce dernier de générer une escroquerie affective. J'y parle peu d'infidélité, mais j'aurais pu.

La question de la culpabilité recoupe celle de la plainte qui se déploie entre deux extrêmes. D'un côté, nous avons la plainte au sens où l'on porte plainte, et plus généralement au sens où l'on dénonce une erreur, une faute, une infraction, etc. Quelqu'un va traiter cette plainte : en justice, il s'agit du juge. L'inculpation désignait, en droit pénal, la mise en cause d'une personne dans le cadre d'une procédure d'instruction lorsque cette personne était soupçonnée d'avoir commis un crime ou un délit. Je me sens d'autant plus à l'aise pour étendre le concept à d'autres domaines qu'on l'a remplacé, de nos jours, par celui de « mise en examen ». À l'issue de cet examen, d'une façon ou d'une autre et même en l'absence de l'intervention d'un tiers, on peut s'attendre à ce qu'un jugement soit prononcé, qu'il soit de nature légale, morale ou même simplement intellectuelle : objectivement, tu as fait ceci ou cela dont il était convenu entre nous que c'était interdit. L'étape suivante est la sanction : il y a des conséquences pour le coupable. La dernière étape du processus est la réparation, par exemple le moment où la personne trompée recouvre la confiance.

À l'autre bout du spectre, nous avons ce que j'appelle parfois la plainte plaintive, faisant là allusion au fait que ce qui la distingue est sa tonalité plus ou moins aiguë et qui, pour peu qu'elle dure, devient rapidement insupportable à entendre. Il ne s'agit plus d'une dénonciation mais d'un gémissement, destiné à faire sentir à l'autre

1. Le jaloux, le vampire, l'assisté, le toxicomane, le tyran domestique, etc.

qu'il est coupable. On pourrait même dire qu'il s'agit d'une punition directe ne passant pas par le jugement. Il est évident qu'une telle plainte ne répare rien et qu'elle peut même, à partir d'une certaine intensité, devenir destructrice. Néanmoins, entre les deux extrêmes de la plainte, il y a des degrés, et nulle dénonciation n'est tout à fait exempte de gémissement, de même que nul gémissement n'est tout à fait infondé.

Dans le cas où nul tiers ne vient juger du bien-fondé d'une plainte, l'émetteur de cette plainte devra en convaincre le récepteur, et cela peut passer par une certaine manipulation : il faut amener l'accusé à se sentir coupable. Pour revenir à l'infidélité, il est rare que la personne infidèle n'ait pas de plainte à formuler vis-à-vis de son conjoint et fréquent qu'elle se serve de cette plainte pour justifier son « infraction ». Cela génère un bras de fer entre la personne trompée, qui a besoin que son conjoint se sente coupable (ne serait-ce que pour avoir un espoir que l'infidélité ne se reproduise pas), et la personne infidèle qui craint, si elle accepte de se laisser culpabiliser, que cela « gèle » la situation et l'empêche de faire entendre ses propres doléances.

Le bras de fer peut virer en cercle vicieux quand chacun, à force de ne pas être entendu dans sa plainte, monte en régime dans le « gémissement » et/ou la culpabilisation. Il est d'autant moins évident d'en sortir que les positions en présence sont toutes deux défendables. Du point de vue du lien, il faut à la fois acter l'infidélité comme infraction aux règles du couple et en nommer les causes, afin que les conflits sous-jacents soient mis au travail et que la crise soit finalement l'occasion d'un renouvellement de la rencontre, d'un nouveau départ.

Sur le chemin de la réparation

Un couple sur deux reçus en thérapie arrive à ma consultation suite à la découverte d'une infidélité ! Cette expérience m'a convaincu de la nécessité, pour que la reconstruction soit possible, d'en passer par ce que j'appelle l'« inculpation ». L'auteur de l'infidélité n'est pas le seul à résister à cette approche légaliste. Combien de fois n'ai-je pas entendu une personne trompée se culpabiliser de l'infidélité, sous prétexte qu'elle avait donné à son conjoint des raisons de la tromper ? C'est oublier que le concept même de tromperie suppose, au minimum, un mensonge… Par ailleurs, vous pouvez avoir donné à votre conjoint des raisons de partir, d'« arrêter les frais », comme on dit, mais pas de vous tromper : le simple bon sens l'indique avec force, même en ces temps « post-68 » où il est devenu interdit d'interdire.

De façon de plus en plus fréquente, je coupe court aux explications par lesquelles l'un ou l'autre des partenaires essaie d'excuser l'infidélité, en demandant si tout le monde est d'accord pour dire qu'elle n'aurait pas dû avoir lieu. J'ai eu maintes fois l'occasion de constater que, non seulement cela soulage la victime, qui se sent moins coupable de ce qui est arrivé, mais que cela soulage également l'auteur, qui acquiert ainsi la possibilité de réparer sa faute. En l'absence d'inculpation explicite, l'auteur ne va pas s'engager sur la voie de la réparation mais sur celle de l'expiation : il ou elle va subir les gémissements de la victime, voire un certain nombre de mesures de rétorsion ; bref, une punition dont les limites ne sont pas fixées et dépendent d'un pardon qui ne viendra peut-être jamais. Comment le lui reprocher ? On comprend bien ce qui la motive. Mais comment ne pas voir, par ailleurs, que c'est sans issue, et que le couple va vers une séparation différée plutôt qu'une reconstruction ?

Si, au contraire, il est entendu que l'auteur de l'infidélité est seul coupable, quels que soient par ailleurs son sentiment à ce sujet et les autres paramètres en jeu[1], il est aussi sommé de poser des actes réparateurs. Ceux-ci devront avant tout porter sur le couple, sur ce qui n'allait pas et sur ce que la personne aurait dû mettre au travail, plutôt que de fuir le problème dans l'infidélité. Cette dernière doit également se préoccuper du traumatisme vécu par son conjoint trompé.

Imaginons, pour aller vers le cas apparemment le plus simple, que les raisons de l'infidélité soient purement sexuelles. Le problème doit être énoncé avec honnêteté, et les deux points de vue doivent être pleinement entendus, respectés, au risque de la rupture. Parce qu'elle est coupable, la personne infidèle ne peut plus se permettre de mentir, fût-ce par omission. C'est le mensonge qui a rompu la confiance, presque plus que l'infidélité en soi. D'une façon ou d'une autre, il faut soit rompre, soit repartir sur une nouvelle base. Tous les témoignages se recoupent pour démontrer que le silence est la plus mauvaise voie. La réparation, je le répète souvent[2], passe par trois étapes :

1. **Les regrets**
   « Je regrette ce qui s'est passé, j'ai conscience du mal que cela t'a fait, du préjudice que cela t'a causé. » Il y a souvent, dans l'impatience de l'auteur de l'infidélité, un manque d'empathie. Je fais

1. Le fait que l'auteur de l'infidélité soit objectivement coupable n'exclut pas que la victime porte une responsabilité et/ou une culpabilité en ce qui concerne la détérioration des rapports de couple, ou d'autres faits que la personne infidèle aurait eu du mal à digérer.
2. Cf. notamment Maes J.-C., *Emprise et manipulation. Peut-on guérir des sectes ?*, *op. cit.*, p. 247 et *D'amour en esclavage. Ces relations qui font du mal*, *op. cit.*, p. 116-117.

l'hypothèse – largement vérifiée par l'observation – que ce manque d'empathie s'explique par le refus d'un sentiment de culpabilité qui donnerait à l'autre une emprise démesurée.

2. **Les excuses**

   « Je te présente mes excuses car je suis seul coupable de ce qui est arrivé. » On peut se sentir frustré et/ou en colère, mais l'infidélité ne devrait pas être une option. Il y a des gens qui ne trompent jamais leur conjoint quoi qu'il arrive et quelles que soient les occasions de le faire. Et donc, ce que l'on peut reprocher à son conjoint explique l'infidélité sans l'excuser. *A priori*, il faut soit traiter le problème, soit, par exemple si le conjoint s'y refuse ou si l'on est fatigué d'essayer, rompre. Après quoi, je n'ignore pas que si le principe est toujours très clair, sa mise en pratique peut s'avérer complexe. En particulier, c'est facile de dire qu'il vaudrait mieux rompre, plus difficile de le faire. Par exemple, on n'envisage pas de gaîté de cœur de devenir parent à mi-temps – voire à temps très partiel, comme c'était le cas pour les pères avant que la loi n'évolue, et comme c'est encore le cas plus souvent que l'on ne l'imagine. Il n'empêche que, si l'on a le projet de reconstruire le couple, il faut éviter de bâtir sur du sable, donc revenir aux principes de base.

3. **Les promesses**

   « Je m'engage à tout mettre en œuvre pour que cela ne se reproduise pas. » Les moyens importent peu : la personne infidèle peut développer une plus grande rigueur morale et, dans le cas où décidément cela n'évolue pas, avoir, cette fois, le courage de partir plutôt qu'à nouveau recourir à l'expédient de l'infidélité…

Elle peut également, bien sûr, développer dans le couple, avec l'aide de son conjoint, ce qui lui évitera d'être à nouveau soumise à la tentation. En tout cas, il faut convaincre l'autre que l'infidélité ne sera plus jamais au programme. À défaut, la confiance ne reviendrait jamais.

Traumatisme et résilience

Avec la réparation, il était question des actes que doit poser l'auteur de l'infidélité et/ou que doit exiger sa victime pour ne plus subir la situation. Avec la résilience, il sera question, de façon plus ou moins complémentaire, de reconstruction posttraumatique. Le concept de réparation revêtait une dimension légaliste, alors que la résilience s'articule sur la recherche d'un sens : il s'agit, pour la victime d'une infidélité, d'intégrer cette nouvelle réalité au récit qu'elle se faisait de sa vie de couple, ainsi qu'à l'image qu'elle avait d'elle-même. Le mot « résilience » vient de la physique, où il évoque la capacité d'un matériau à retrouver son état initial après avoir subi un impact. La victime d'un viol, par exemple, peut obtenir, si elle porte plainte, la punition du coupable au pénal et/ou des « dommages et intérêts » au civil. Même si ces « victoires » l'aident à soigner son traumatisme, il n'est pas sûr que cela suffise à l'en guérir. La résilience, en revanche, devrait permettre à la victime non seulement de se retrouver elle-même, mais de transformer son traumatisme en richesse[1] – c'est-à-dire, dans le cas de l'infidélité, transformer la crise du couple en renouvellement de la rencontre.

1. Cyrulnik B., *Un merveilleux malheur*, Odile Jacob, 1999.

Le mot « victime » est ambigu : la victime d'une infraction peut n'être pas traumatisée, et la victime d'un traumatisme ne pas avoir matière à porter plainte. Or, en ces temps où l'on a tendance à voir des victimes partout, y compris là où elles sont le moins, il faut faire bien attention aux abus de langage. C'est ainsi que le plus « victime » des deux n'est pas toujours celui que l'on croit. Ou, plus exactement, le plus traumatisé des deux n'est pas toujours la victime au sens légal ou même moral du terme.

Dans *Les Gestes*[1], fiction qui pourrait bien, me semble-t-il, présenter une part autobiographique, tant la description du « pervers de service » est d'une grande précision clinique, Elizabeth trompe Philippe parce qu'elle essaie d'échapper à son emprise. Malheureusement pour elle, son infidélité sera une relation éphémère, et Philippe va s'en servir pour resserrer son emprise sur elle et lui imposer des vécus de plus en plus disqualifiants. Ainsi, il échafaude un plan machiavélique destiné à la faire passer pour folle, la séquestre, installe une jeune prostituée allemande dans leur appartement, exerce un chantage aux enfants, la dépouille habilement de son argent pour mieux la tenir, etc. Au bout de ce parcours infernal, elle ne trouvera plus d'autre issue que de le tuer.

On sent parfaitement, dans cette histoire, que la coupable au sens légal du terme (infidèle puis meurtrière) est en même temps la victime au sens moral et psychique.

Revenons aux quatre catégories de causes de traumatisme : coupure, usure, pression et tension, le traumatisme lui-même étant toujours

1. Marie I., *Les Gestes*, Éditions Blanche, 1997.

une rupture de continuité. Il en découle que le traitement d'un traumatisme nécessite à la fois d'avoir identifié sa cause, de définir dans quelle catégorie on peut la classer et de comprendre quelle continuité au juste vient rompre la révélation de l'infidélité, et ceci pour les deux protagonistes – la victime de l'infidélité, mais aussi son auteur.

Dans *Les Gestes*, la révélation de l'adultère d'Elizabeth ne rompt aucune continuité en ce qui concerne Philippe, réputé être la « victime », mais vient au contraire prolonger une forme de harcèlement moral. Il existe également des cas où la révélation de l'infidélité constitue, pour la « victime », un soulagement. Mais, même quand elle représente une vraie rupture traumatique, il faut encore se demander pourquoi. En quoi, pourrait-on dire, elle fait non-sens. Et comment elle pourrait, moyennant un travail conjoint de réparation du couple, se mettre à faire sens. Parfois, une empathie élémentaire, qui avait disparu, peut de nouveau voir le jour, par la reconnaissance de longues souffrances non entendues.

Charles et Muriel

C'est Muriel qui avait demandé à Charles de participer à une thérapie de couple, jugeant qu'ils avaient un problème de communication. Quand il a appris, lors d'une de nos séances, qu'elle le trompait, il ne lui a pas demandé d'arrêter le couple, mais de faire ses valises et de quitter leur maison, dont il était seul propriétaire. Muriel a été consternée, horrifiée, tout en reconnaissant que c'était justifié. Elle lui a présenté ses plus plates excuses en pleurant toutes les larmes de son corps. Elle lui a promis de ne plus voir son amant et de ne plus jamais le tromper. Mais Charles ne voulait rien entendre. Au fil de cette séance très dramatique, il m'apparut assez nettement que ce qui manquait pour que Muriel puisse réparer le couple, c'était la première étape, à savoir les regrets ! Elle ne supportait pas l'idée qu'il la quitte, mais elle ne semblait pas consciente, en revanche, de la souffrance qu'elle lui avait infligée. La seule chose qu'elle obtint de Charles, c'est le temps de se retourner avant de quitter leur domicile, et un autre rendez-vous en thérapie (au départ, il voulait arrêter).

La séance suivante fut assez surprenante, car entre-temps Muriel avait pris la pleine mesure de la douleur de Charles. Ils avaient eu une longue discussion, durant toute une nuit, et Charles avait eu l'occasion d'exprimer tous les aspects de sa souffrance. Au début, elle faisait des objections et, pour le dire ainsi, elle semblait douter que sa plainte soit incarnée, que ce soit plus de sa part qu'une position de principe. Aussi incroyable que cela semble, elle ne croyait pas à sa souffrance. Puis, peu à peu, elle est intervenue de moins en moins, se contentant de l'écouter. Elle se sentait de plus en plus « pénétrée » par ce qui se disait là : en fait, il souffrait depuis longtemps, bien avant la révélation de l'infidélité. À un moment donné, elle a pu « s'abandonner » et se mettre à pleurer non plus sur elle-même mais sur lui, pour et avec lui. Après, ils ont fait l'amour, et cela a été une vraie découverte.

Un point capital, en matière de résilience, est le risque pour la personne traumatisée de s'enfermer dans son statut de victime, au point d'en faire une identité. Quand c'est le cas, il est fréquent que la victimisation s'inverse, que la victime, consciemment ou inconsciemment, profite du pouvoir que lui donne son statut pour se venger de l'auteur. La résilience passe toujours par une déculpabilisation de la victime, mais cela ne suffit pas : encore faut-il que les deux acteurs, victime incluse, prennent leurs responsabilités, c'est-à-dire mettent en place ce qui permettra une vraie réparation du couple et le retour de la confiance.

« Pourquoi devrais-je changer ? »

« Ce que je suis aujourd'hui, je l'étais quand nous nous sommes rencontrés, et il faut croire que ça lui a plu, puisque nous sommes en couple. Pourquoi devrais-je changer ? Pourquoi devrais-je être quelqu'un d'autre et faire des choses que je ne faisais pas ? Pourquoi diable ce qui était source de séduction est-il devenu cause de frustration ? »

Je vais mettre mes grands pieds dans les petits plats du couple en affirmant que l'on n'aime pas l'autre pour ce qu'il est, mais pour ce qu'il promet. Ce concept de promesse pouvant s'entendre dans son acception active, que le Trésor de la langue française informatisé (TLFi) définit comme une « assurance, le plus souvent verbale, de faire ou de dire quelque chose », ou passive, c'est-à-dire une « espérance que l'on conçoit des qualités ou des talents d'une personne ».

Dans le premier cas, il s'agit d'une espèce d'avance sur recette : pour plaire à l'autre, on s'engage à devenir quelqu'un que l'on n'est pas naturellement, ou à faire quelque chose que l'on n'a jamais fait, parfois en toute bonne foi. Il est d'ailleurs fréquent que cette promesse prenne la forme d'un faux-semblant, d'un miroir aux alouettes : faute de croire que l'on peut plaire pour ce que l'on est, on le « maquille ». Il faut éviter toute moralisation à ce sujet : comme l'a développé Nicolas Machiavel, « La fin justifie les moyens », et comme on l'oublie si l'on n'a pas lu *Le Prince*, cette fin n'est pas forcée d'être amorale. Il est normal que l'on se présente à son avantage quand on veut séduire quelqu'un, mais la question se pose de savoir s'il faut y revenir, prolonger la séduction au-delà de la « lune de miel », voire transformer le faux-semblant en réalité, ou obtenir de l'autre qu'il ou elle en fasse son deuil… Cela dépend probablement de ce dont il est question. L'écart entre les attentes du conjoint et ce que l'on est prêt à « donner » peut poser un réel problème, d'un côté comme de l'autre.

Maeva

« Quand nous nous sommes rencontrés, il me voyait comme une femme soumise, et il me dit que j'ai beaucoup changé. C'est un peu vrai et je suppose que je devrais faire un effort, mais ce qu'il attend de moi va beaucoup plus loin. Sa maîtresse est adepte du sadomasochisme et il a pris goût à ces pratiques. Je pourrais accepter de porter certaines tenues, bien que je les trouve ridicules, à condition que ça se limite à une stricte intimité. Je pourrais même, je crois, accepter qu'il me menotte et qu'il m'attache à notre lit, mais il est hors de question qu'il me donne la fessée ou le martinet. Je veux bien avoir l'esprit ouvert et lui faire plaisir, mais je refuse que ça me fasse mal. Par moment, il reconnaît que j'ai raison, mais il finit toujours par y revenir et il ne lâche pas le morceau... Ça me fait très peur, parce que j'ai l'impression qu'il va retourner vers cette femme. On dirait un drogué. »

Très loin de ces dérives, j'ai eu, jadis, une patiente catholique pratiquante dont la vie sexuelle était, semble-t-il, assez libertine, quoique strictement monogame. Elle accueillait tous les désirs de son mari avec la même bienveillance, en se remémorant l'adage chrétien : « Laissez venir à moi les petits enfants, et ne les empêchez point ; car le royaume des cieux est pour ceux qui leur ressemblent » (Matthieu, 19:14). C'est un peu particulier, mais pas absurde. À ses yeux, les désirs de son mari n'avaient jamais rien de laid ni de pervers, même quand ils s'éloignaient très fort de tout ce qu'elle aurait pu imaginer, parce qu'ils manifestaient, selon elle, un état d'esprit proche de celui qui règne dans les bacs à sable.

L'acception passive du mot « promesse » nous fera dire d'une personne, mais aussi d'une chose ou d'une circonstance qu'elles sont prometteuses, voire même riches de promesses : il s'agit d'un potentiel. Pour prendre un exemple plus que trivial, un jeune homme peut trouver que son amoureuse a la même plastique que les stars du X qui ont hanté son adolescence, et qu'il n'y manque que des tenues plus sexy : un détail pour lui, un écueil pour elle ! Ce jeune homme doit-il renoncer à son « idéal » ou la jeune fille à sa pudeur ? Ici aussi, il faut éviter toute moralisation : si le jeune homme renonce, ce n'est pas que son désir soit « mauvais », « tordu » ou « pervers » ; si la jeune fille renonce, ce n'est pas qu'elle cesse d'être « coincée » ou « peu féminine ». Aucun renoncement ne va de soi ; tout renoncement doit être mis au crédit de celui ou celle qui y consent par amour pour l'autre. Je vais terminer ce point avec un exemple hors sexualité.

Louise

« Il ne supportait plus la priorité que je donnais à mon travail. Chaque fois qu'il m'en parlait, je lui répondais que j'étais comme cela quand nous nous sommes rencontrés et que lui aussi l'était – même pire que moi, qu'il avait peut-être changé mais qu'il ne pouvait pas m'obliger à en faire autant. En fait, je ne l'écoutais pas vraiment, je me disais que ça lui passerait. Et en effet, ça lui est passé. Ce que je ne savais pas, c'est qu'il avait rencontré quelqu'un d'autre. Elle pouvait bien être très disponible, puisqu'elle était au chômage... Il m'a dit que les moments qu'il passait avec moi étaient très supérieurs mais qu'ils s'étaient faits de plus en plus rares au fil du temps. »

Stop ou encore ?

Je suis parti du point de vue que les lecteurs de ce livre étaient désireux de réparer leur couple, mais ce n'est pas toujours une bonne idée. Parfois, le conjoint infidèle est un pervers. Ou, plus banalement, il – ou elle – est trop narcissique pour arriver à se remettre en question. Plus banalement encore, il se peut que l'on soit trop fatigué pour faire un effort de plus. Parfois, il vaut mieux se séparer le plus proprement possible que de s'entêter à continuer un couple qui s'est vidé de tout sens, et que l'on n'arrive pas à faire revivre.

Si, en revanche, on décide de poursuivre, il faut reconstruire le quotidien. C'est ce que d'autres ouvrages sur l'infidélité développent le plus. J'ai choisi un autre angle d'approche, aussi vais-je en proposer une synthèse très générale, autour du « savoir » comme verbe substantivé.

Le savoir-faire du couple

Il suppose que chacun exprime ses besoins sexuels, affectifs et relationnels, et que son conjoint apprenne à les satisfaire. Aux antipodes du romantisme dont j'ai déjà dénoncé les excès, il ne s'agit pas d'un savoir inné, mais acquis, et même construit. Au niveau sexuel, par exemple, le conjoint légitime ne pourra jamais rivaliser avec la relation illégitime s'il pose les questions en termes de désir. Or, faute de désirer l'autre, on peut désirer lui faire plaisir, et réciproquement, parce que c'est bon pour le couple. Cela implique d'aborder tout ce qui fait conflit et d'en faire un moteur plutôt qu'un frein. On voit là que le sexuel, l'affectif et le relationnel sont étroitement noués.

Le savoir-ne-pas-faire

Cette modalité, peu invoquée, est pourtant capitale, car elle implique une retenue, une autocensure sans laquelle aucune relation ne tiendrait sur la durée. Il ne suffit pas que chacun exprime ses besoins, il faut également poser ses limites et respecter celles de l'autre. Les limites dont il est ici question ne correspondent pas aux règles du couple, de la morale ou du droit commun, mais aux capacités : en vouloir plus que ce que l'autre donne est exigeant et l'on a toujours raison d'être exigeant, avec soi-même comme avec l'autre (par exemple, Louise donnait à son compagnon beaucoup moins qu'elle ne l'aurait pu, c'est pourquoi il avait raison d'en vouloir plus) ; en revanche, exiger plus que ce qu'il est capable de donner est humiliant…

Le savoir-être

Il suppose à mes yeux une posture de curiosité : souvent, je le répète, on n'entend pas ce que l'autre dit mais ce que l'on croit qu'il pense. On refuse de se laisser surprendre. Les linguistes, en la matière, nous donnent une leçon importante, en affirmant que la communication repose sur un contrat de confiance : si l'on croit qu'un message a du sens, on finira par saisir celui-ci même si l'interlocuteur s'exprime très mal, mais à l'inverse, si l'on croit que ses propos n'ont aucun sens, il peut s'exprimer à la perfection sans arriver à se faire comprendre. À la curiosité il faut, dès lors, ajouter la patience, celle d'écouter jusqu'au bout, de poser des questions, et n'arrêter le dialogue que quand on est sûr et certain d'avoir reçu le message cinq sur cinq. Quand on n'en a pas le temps, on peut toujours y revenir plus tard.

Le savoir-ne-pas-être

Il implique quant à lui un paraître, un faux-semblant, un « comme si ». Cette dimension a mauvaise presse, mais on ne voit pas comment un couple qui se reconstruit pourrait s'en passer, dans la mesure où la spontanéité des débuts du couple est devenue doublement impossible : non seulement le temps et le quotidien sont passés dessus, mais l'infidélité, qu'on le veuille ou non, a généré de la méfiance, et comme on dit, « Chat échaudé craint l'eau froide ». Il faut, au minimum, faire semblant d'y croire, en espérant que l'habit finira par faire le moine.

Conclusion

L'infidélité est un ring triangulaire…

Je ne voudrais pas terminer cet ouvrage sans évoquer les oubliés de l'infidélité, ceux « par qui le scandale arrive », que j'ai qualifiés plusieurs fois de « troisième roue de la charrette », parce que d'autres appellations tout aussi péjoratives auraient été, en revanche, moins révélatrices de leur vécu. Certains auront lu ce qui précède et auront regretté que je ne parle pas davantage d'eux, même si, de loin en loin, j'ai essayé de leur rendre justice. Quand les histoires d'infidélités se terminent « bien », ils se retrouvent assez naturellement « le dindon de la farce ». À côté de ceux et celles que cela arrange de vivre les « bons » côtés du couple sans en subir les « mauvais », qui ne désirent pas s'engager, rendons non seulement justice, mais hommage à celles et ceux qui vivent ou ont vécu une authentique histoire d'amour et n'ont rien osé dénoncer, de peur de perdre le petit peu qu'ils avaient : ils n'ont pas vécu « d'amour et d'eau fraîche », mais d'espoir et de douches écossaises.

On peut toujours faire des suppositions sur leurs « bénéfices secondaires » inconscients, eux ont pris l'exacte mesure de leurs pertes et fracas, surtout au moment où Madame et Monsieur se sont réconciliés sur leur dos (qui est très large, c'est bien connu depuis le départ).

N'oublions pas que les personnes infidèles, non contentes de tromper leur conjoint légitime, trompent également, en prime, leur relation illégitime. Leur conjoint ne doit pas l'oublier, car la réparation ne sera pas complète si cet aspect des choses n'est pas abordé. Quant à « l'Autre », sa propre réparation pourrait bien passer, d'après mon expérience de psychothérapeute, par la démythification de cet amour aux pieds fragiles : si charmante soit cette personne, si objectivement antipathique soit son conjoint, l'infidélité est une « tromperie ». À une époque où l'adage « Si tu veux, tu peux » semble relever d'une évidence, la sémiotique, discipline qui m'a beaucoup guidé dans la rédaction de cet ouvrage, démontre que le « vouloir » n'est pas la première modalité du faire, de l'action, mais la dernière[1].

Il y a, premièrement, le devoir, devoir-faire (obligation) et devoir-ne-pas-faire (interdiction), devoir-être (nécessité) et devoir-ne-pas-être (impossibilité), etc. Le couple est nécessairement un contrat et, jusqu'à preuve du contraire, la fidélité est l'une des principales obligations qu'il prévoit. Quand on se marie, monsieur ou madame le

1. Cf. Greimas A. & Fontanille J., *Sémiotique des passions*, Seuil, 1991, p. 44. Littéralement, la sémiotique est l'étude du sens. Encore faut-il préciser qu'elle l'étudie sous l'angle structural: un terme se définit toujours par rapport à un autre terme, voire plusieurs autres termes constituant, ensemble, une structure de sens. C'est de cette façon que j'ai déjà procédé pour le couple, la rencontre, la posture, la durée, la crise, la loyauté ou encore le savoir, et je vais continuer de procéder ainsi pour le devoir et le pouvoir. Je renvoie le lecteur qui voudrait approfondir à Greimas A., *Du sens II*, Seuil, 1983, p. 76-91.

maire rend ce contrat tout à fait explicite : en Belgique, par exemple, l'article 213 du Code civil prévoit que « les époux ont le devoir d'habiter ensemble ; ils se doivent mutuellement fidélité, secours, assistance ». Je remarque tout d'abord que cette première disposition est un devoir et ensuite que le secours et l'assistance sont des variantes de la fidélité…

Après quoi, si l'on désire, pour une raison ou une autre, se dérober à ce devoir, on peut divorcer. Je sais ce que l'on pourrait me répondre : ce n'est pas si simple. Je ne pense pas, au fil de cet ouvrage, avoir soutenu le contraire. Mais il ne faudrait pas renoncer à un principe (ici, rester fidèle ou se séparer) sous prétexte qu'il est difficile à mettre en pratique. Qui plus est, quantité de gens y arrivent sans qu'on leur attribue la moindre médaille ! Peut-être le devrait-on ?

Il y a, deuxièmement, le pouvoir, pouvoir-faire (autorisation) et pouvoir-ne-pas-faire (liberté), pouvoir-être (possibilité) et pouvoir-ne-pas-être (contingence[1]). Alain Badiou écrit que la pire infidélité, c'est « qu'un amant ne comprenne plus pourquoi il aimait cette femme ». Il ajoute que « c'est un mal dont on ne revient pas[2] ». Que cherchait-on dans ce couple ? Que cherchait-on, plus tard, dans cette relation amoureuse illégitime ? Pourquoi ne l'a-t-on pas trouvé ? Pourquoi a-t-on cessé de le chercher ? N'aurait-on pas manqué de courage ? J'ai développé autour du concept de loyauté la face claire de la lâcheté, qui soutient des compromis utiles et des soumissions nécessaires, mais elle présente aussi une face obscure, car une chose est de mentir à son conjoint, une autre de se mentir à soi-même…

1. Au contraire de la nécessité, la contingence laisse une part au hasard.
2. Badiou A., *L'Éthique. Essai sur la conscience du mal*, Nous, 2003, p. 106-107.

Il y a, troisièmement, le savoir, dont il a déjà été question. On sait – ou l'on devrait savoir – que « l'Autre » existe d'emblée, au moins potentiellement. La jalousie pourrait se résumer à une conscience plus aiguë que la moyenne que le conjoint, pour faire couple, a renoncé à quelque chose (savoir-ne-pas-faire), et au soupçon qu'il ne va pas y arriver « toute la vie ». Dans le cas des couples qui ont connu l'infidélité, c'est un savoir payé au prix fort. Faut-il préciser que le mensonge est le plus grand ennemi du savoir ?

À quelques lignes de la fin de cet ouvrage, j'aimerais que l'on en retienne que le plus grave dans une infidélité n'est pas l'existence de « l'Autre », mais le mensonge couvrant cette existence d'un voile souvent épais. Ce n'est pas une vue de l'esprit. Autant la plupart des gens arrivent à passer au-dessus d'un « faux pas » de leur conjoint quand il est de courte durée, autant, confrontés à une infidélité de longue durée, ils sont profondément blessés, ébranlés que leur conjoint ait pu leur mentir si longtemps et avec autant d'aplomb, de « naturel ». Ledit conjoint en est souvent tout aussi étonné.

Le vouloir, après cela, pèse vraiment peu. Savent-elles seulement ce qu'elles veulent, les personnes infidèles ? À en juger par l'interminable valse-hésitation de celles qui ont une double vie, on pourrait en douter.

Bibliographie

Essais

Walid AFIFI, Wendy FALATO & Judith WEINER, « Identity concerns following a severe relational transgression: The role of discovery method for the relational outcomes of infidelity », in *Journal of Social and Personnel Relationship*, n° 18/2, 2001, p. 291-308.

Didier ANZIEU, *Le Moi-peau*, Dunod, 1995.

ARISTOTE, *Politique, Livre I*, Nathan, trad. 2009.

Alain BADIOU,

Éloge de l'amour, Flammarion, 2009.

L'Éthique. Essai sur la conscience du mal, NOUS, 2003.

Nathalie BAJOS & Michel BOZON, *Enquête sur la sexualité en France*, La Découverte, 2008.

Grégory BATESON, *Vers une écologie de l'esprit*, tome 2, Seuil, 1972, trad. 1980.

Gérard BAYLE, *Clivages. Moi et défenses*, PUF, 2012.

Pierre BENGHOZI, « Le scénario généalogique porte-la-honte », in *Dialogue* n° 190, 2010, p. 25-40.

Wilfred BION, *Réflexion faite*, PUF, 1983.

Ivan BOSZORMENYI-NAGY, *Invisible Loyalties: Reciprocity in intergenerational family therapy*, Brunner Mazel, 1973.

Pierre BOURDIEU, *Esquisse d'une théorie de la pratique*, Librairie Droz, 1972.

Michel BOZON, *Sociologie de la sexualité*, Armand Colin, 2013.

Philippe CAILLÉ et Yveline REY, *Il était une fois…*, ESF, 1988.

Laurence CARON-VERSCHAVE et Yves FERROUL, *Le mariage d'amour n'a que 100 ans. Une histoire du couple*, Odile Jacob, 2015.

Jolan CHANG, *Le Tao de l'art d'aimer*, Calmann-Lévy, 1977.

Boris CYRULNIK, *Un merveilleux malheur*, Odile Jacob, 1999.

Yvon DALLAIRE,
Les Illusions de l'infidélité, Éditions Jouvence, 2007.
« Prévenir ou survivre à l'infidélité », http://psycho-ressources.com/bibli/couple-infidelite.html, 2014.

Sándor FERENCZI, « Deux types de névroses de guerre », in *Psychanalyse II*, Payot, 1918, trad. 1970, p. 238-252.

Helen FISHER, *Histoire naturelle de l'amour. Instinct sexuel et comportement amoureux à travers les âges*, Robert Laffont, 1994.

Sigmund FREUD,
« Le fétichisme », 1927, in *La Vie sexuelle*, PUF, 1969, p. 133-138.
Nouvelles Conférences sur la psychanalyse, Gallimard, 1932, trad. 1971.
« Psychologie des foules et analyse du moi », 1921, in *Essais de psychanalyse*, Payot, 1985, p. 117-205.

Algirdas GREIMAS,
Du sens. Essais sémiotiques, Seuil, 1970.
Du sens II. Essais sémiotiques, Seuil, 1983.

Algirdas GREIMAS & Jacques FONTANILLE, *Sémiotique des passions*, Seuil, 1991.

Jay HALEY, « Pour une théorie des systèmes pathologiques », in Watzlawick P., Weakland J. & Norton J., *Sur l'interaction*, Seuil, 1981, p. 60-80.

Maryse JASPARD, *Sociologie des comportements sexuels*, La Découverte, 2005.

Christiane JOUBERT, « Les fonctionnements régressifs du lien de couple, ou du collage à la rupture », in *Dialogue* n° 161, 2003, p. 105-117.

Henri LABORIT, *Éloge de la fuite*, Gallimard, 1976.

Jean-Pierre LEBRUN, *Les Couleurs de l'inceste*, Denoël, 2013.

Claude LÉVI-STRAUSS, *Anthropologie structurale*, Plon, 1974.

Roberto LOSSO, *Psychanalyse de la famille*, Franco Angeli, 2000.

Nicolas MACHIAVEL, *Le Prince*, Librio, 1997, trad. 1921.

Jean-Claude MAES,

Emprise et manipulation. Peut-on guérir des sectes ?, De Boeck, 2010.
« Loyauté et emprise – Contes versus comptes », in *Cahiers critiques de thérapie familiale et de pratiques de réseaux* n° 44, 2010, p. 169-190.
« Vers un approfondissement du concept de loyauté », in *Thérapie Familiale* n° 33, 2012, p. 357-372.
D'amour en esclavage. Ces relations qui font du mal, Eyrolles, 2014.
Liens qui lient, liens qui tuent. L'emprise et ses dérives, Liber, 2014.

Anna-Maria NICOLO, « Soigner à l'intérieur de l'autre », in *Cahiers critiques de thérapie familiale et de pratiques de réseaux* n° 12, 1990, p. 29-51.

Paul-Claude RACAMIER,

L'Inceste et l'Incestuel, Dunod, 2010.
Le Génie des origines, Payot, 1992.

Pamela REGAN & Ellen BERSCHEID, *The Psychology of Interpersonal Relationships*, Pearson, 2004.

Michel ROUCHE, *Petite Histoire du couple et de la sexualité*, CLD, 2008.

Antoine de SAINT-EXUPÉRY, *Terre des hommes*, Gallimard, 1939.

SÉNÈQUE, *La Vie heureuse*, Arléa, 1995.

Jürg WILLI, *La Relation de couple*, Delachaux et Niestlé, 1982.

Récits, romans et théâtre

René FALLET, *Les Pas perdus*, Denoël, 1954.

Alexandre JARDIN, *Le Zèbre*, Gallimard, 1988.

Ludwig LEWISOHN, *Crime passionnel*, Phébus, 1930, trad. 1997.

Isabel MARIE, *Les Gestes*, Éditions Blanche, 1997.

William SHAKESPEARE, « Le Marchand de Venise », 1598, in *Comédies I (Œuvres complètes, V)*, Gallimard, 2013, p. 1025-1231.

Poèmes et chansons

Louis ARAGON, « Il n'y a pas d'amour heureux », in *La Diane française*, Seghers, 1946. Mis en musique et créé par Georges BRASSENS, in *Le Vent*, 1953.

Georges BRASSENS, « La Non-demande en mariage », in *Supplique pour être enterré à la plage de Sète*, 1966.

Jacques BREL,
« La Chanson des vieux amants », in *Jacques Brel 67*, 1967.
« La Tendresse », in *La Valse à mille temps*, 1959.
« Vieille », in Juliette Gréco, *Live 1965*.

Serge LAMA, « Les P'tites femmes de Pigalle », in *Je suis malade*, 1973.

Jo LEMAIRE et Fa VANHAM, « Tentations », in Jo LEMAIRE, *Tentations*, 1984.

Alfred de MUSSET, « La nuit de décembre », in *Poésies complètes*, Gallimard, 1957, p. 310-315.

Anne SYLVESTRE, « Flou », in *Écrire pour ne pas mourir*, 1996.

Boris VIAN, « Je voudrais pas crever », in *Je voudrais pas crever*, 10/18, 1962, p. 7-10.

Également dans la collection « Comprendre et agir » :

Juliette Allais,
– *Décrypter ses rêves*
– *Guérir de sa famille*
– *Au cœur des secrets de famille*
– *Amour et sens de nos rencontres*
Juliette Allais, Didier Goutman, *Trouver sa place au travail*
Bénédicte Ann, *Arrêtez de vous saboter*
Dr Martin M. Antony, Dr Richard P. Swinson,
Timide ? Ne laissez plus la peur des autres vous gâcher la vie
Lisbeth von Benedek,
– *La Crise du milieu de vie*
– *Frères et sœurs pour la vie*
Valérie Bergère, *Moi ? Susceptible ? Jamais !*
Marcel Bernier, Marie-Hélène Simard, *La Rupture amoureuse*
Gérard Bonnet, *La Tyrannie du paraître*
Jean-Charles Bouchoux, *Les Pervers narcissiques*
Sophie Cadalen, *Aimer sans mode d'emploi*
Christophe Carré, *La Manipulation au quotidien*
Marie-Joseph Chalvin, *L'Estime de soi*
Cécile Chavel, *Le Pouvoir d'être soi*
Patrick Collignon, *Heureux si je veux !*
Claire-Lucie Cziffra, *Les Relations perverses*
Michèle Declerck, *Le Malade malgré lui*
Flore Delapalme, *Le Sentiment de vide intérieur*
Ann Demarais, Valérie White, *C'est la première impression qui compte*
Marie-Estelle Dupont, *Découvrez vos superpouvoirs chez le psy*
Brigitte Allain Dupré, *Guérir de sa mère*
Sandrine Dury, *Filles de nos mères, mères de nos filles…*
Jean-Michel Fourcade, *Les Personnalités limites*

Micki Fine, *Aime-moi comme je suis*

Laurie Hawkes,

– *La Peur de l'Autre*

– *La Force des introvertis*

Steven C. Hayes, Spencer Smith, *Penser moins pour être heureux*

Jacques Hillion, Ifan Elix, *Passer à l'action*

Mary C. Lamia, Marilyn J. Krieger, *Le Syndrome du sauveur*

Lubomir Lamy,

– *L'amour ne doit rien au hasard*

– *Pourquoi les hommes ne comprennent rien aux femmes...*

Virginie Megglé,

– *Les Séparations douloureuses*

– *Face à l'anorexie*

– *Entre mère et fils*

Bénédicte Nadaud, Karine Zagaroli, *Surmonter ses complexes*

Ron et Pat Potter-Efron, *Que dit votre colère ?*

Patrick-Ange Raoult, *Guérir de ses blessures adolescentes*

Daniel Ravon, *Apprivoiser ses émotions*

Thierry Rousseau, *Communiquer avec un proche Alzheimer*

Alain Samson,

– *La chance tu provoqueras*

– *Développer sa résilience*

Steven Stosny Ph. D., *Les Blessées de l'amour*

Dans la collection « Les chemins de l'inconscient », dirigée par Saverio Tomasella :

Véronique Berger, *Les Dépendances affectives*

Christine Hardy, Laurence Schifrine, Saverio Tomasella, *Habiter son corps*

Barbara Ann Hubert, Saverio Tomasella, *L'Emprise affective*

Martine Mingant, *Vivre pleinement l'instant*

Gilles Pho, Saverio Tomasella, *Vivre en relation*
Catherine Podguszer, Saverio Tomasella, *Personne n'est parfait !*
Saverio Tomasella,
– *Oser s'aimer*
– *Le Sentiment d'abandon*
– *Les Amours impossibles*
– *Hypersensibles*
– *Renaître après un traumatisme*
– *Les Relations fusionnelles*

Dans la collection « Communication consciente », dirigée par Christophe Carré :

Christophe Carré,
– *Obtenir sans punir*
– *L'Automanipulation*
– *Manuel de manipulation à l'usage des gentils*
– *Agir pour ne plus subir*
– *Bienveillant avec soi-même*
Fabien Éon, *J'ai décidé de faire confiance*
Florent Fusier, *L'Art de maîtriser sa vie*
Hervé Magnin, *Face aux gens de mauvaise foi*
Emmanuel Portanéry, Nathalie Dedebant, Jean-Louis Muller, Catherine Tournier, *Transformez votre colère en énergie positive !*
Pierre Raynaud, *Arrêter de se faire des films*

Dans la collection « Histoires de divan » :

Karine Danan, *Je ne sais pas dire non*
Laurie Hawkes, *Une danse borderline*

Dans la collection « Les chemins spirituels » :

Alain Héril, *Le Sourire intérieur*
Lorne Ladner, *Pratique du bouddhisme tibétain*

PEFC
10-31-2541

Certifié PEFC
Ce produit est issu
de forêts gérées
durablement et de
sources contrôlées.
pefc-france.org

Composé par Sandrine Rénier
Achevé d'imprimer par Normandie Roto Impression s.a.s.
sur papier bouffant Munken Print 80g
N° d'imprimeur : 1600644
Dépôt légal : mars 2016

Imprimé en France